中華高古玉雕綜論

日・月・星辰密碼

劉欽琦 Liu Chin Chi——著

中華高古玉雕綜論 目錄

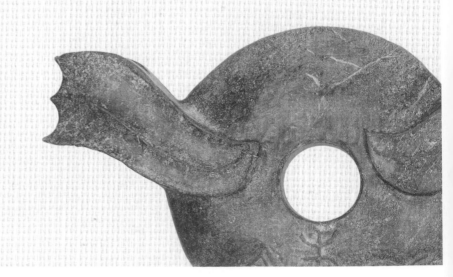

【壹】日鳥月魚　　　　　05

【貳】魁、北斗　　　　　75

【參】龍帝　　　　　　157

【作者序】

拜讀王大有先生《三皇五帝時代》、《尋根萬年中華》、《上古中華文明》、《大中華根脈》、《昆侖文明播化》……等叢書，讓我了解上古文明各部落、族群的戰爭與融合，傳承與遷徙，圖騰的演變。

讀陸思賢先生著作《周易、天文、考古》，從中得知上古時代帝王，運用豐富的天文知識來治理國家，藉此讓人民豐衣足食，安居樂業。每個帝王更以天上的星座來象徵自己身份。

再讀陸星原先生著作《漢字的天文學起源與廣義先商文明》，書中以十二天干（歲陽），十二地支（歲陰，十二星次）來解釋上古帝王的命名起源，這些書籍都讓我內心深獲啟發與同感。

我是中華古玉的愛好者，也是中華古玉的收藏家，深想，若以上古古玉的文化內涵來解釋並補充三皇五帝

時期史料不足之處，這不啻為另一種驗證上古歷史的方向。

本書是以中華古玉、彩陶文化作為基礎，逐一研究上古文明中，三皇五帝時的部落圖騰，筆者希望藉此得以反證三皇五帝的真實存在。

衷心希望藉由本書能夠開啟研究古玉文化的風潮，並且立下一個新的里程碑。

劉嶔琦 Liu Chin Chi

台北醫學大學牙醫畢，
一名專業的牙醫師，也是古玉的愛好者與收藏家，
現為「魚尾軒」主人。

【壹】

日鳥月魚

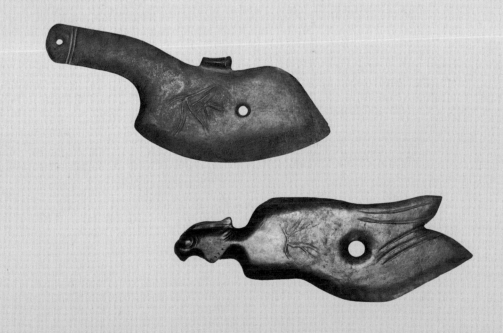

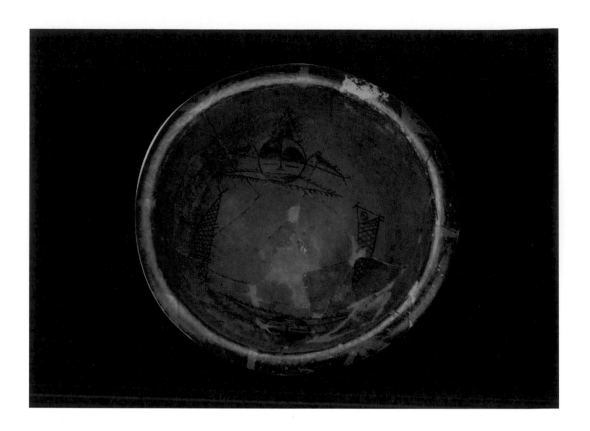

　　仰韶文化彩陶盆（如圖，藏於西安半坡博物館），描繪人首與魚，一人首一魚，動態循環。此人首與魚圖，人首的結構，頭頂重疊兩個三角形，圓形的頭部似人面而有黥面的圖樣。頭部兩側各有一魚，背黑腹白，像是白天游魚的狀態。人頭下方兩側各有一羽狀三角形的鳥翼與頭頂的三角形羽翼（冠羽），就是炎帝太陽鳥三翼（三線，三足鳥）。兩側，雙魚逆時鐘方向循環或追逐的樣子。魚身以網格束代表魚鱗。而網格紋即表示是以北斗七星為中心的星辰晷紋。盆外環有「箭頭形」及「｜」形各四個符號。「｜」若以炎帝系來說，符號代表春分和秋分在黃道上，春半年和秋半年平分的刻度，也是日夜平分時，而「箭頭形」的刻度，即為夏至或冬至，太陽在最北的北迴歸線上或最南的南迴歸線上的刻度，4個「｜」虛線相連即「＋」，是東西南北，亦是宇與宙的符號。

　　仰韶文化（年代約公元前五千年與公元前三千年，地點在甘肅到河南省一帶），此時的彩陶時代是中國炎帝時，最輝煌的一段時期。彩陶上的人首像，且暫稱為炎帝像。炎帝像，黑色三角形為啄木鳥的鳥嘴，重疊羽狀三角形為啄木鳥紅色的羽冠，嘴旁左右三角形為鳥飛行之狀，整體象徵著載日飛行的啄木鳥。圓形炎帝像就代表著太陽。左右二耳的魚形，代表弦月。亦即一週期為一個月。炎帝像由春分、夏至、秋分到冬至，一次循環為一年。

【高 19 ㎝／寬 14 ㎝／厚 7 ㎝】

上圖（藏於西安半坡博物館的彩陶盆的描繪圖，載於美工科技，中華圖案五千年一書，一、原始社會 P11 圖）意義即是日與月的循環圖。因此，下圖應該也是天文圖。上圖中，日、月、日、月，陽陰陽陰不斷地循環，所以下圖中也是陽陰陽陰的天道循環。下圖中的網狀四方形，應是代表夜晚的天象，也就是所謂的「斗」（四方斗）。網狀是紀錄夜晚星象的圖譜。藉由夜晚星辰的紀錄來代表指揮眾星的北斗七星的斗魁的觀察。炎帝是始創北斗觀察紀錄的帝王，所以炎帝又稱「魁」。（下圖是出土於西安半坡村仰韶文化彩陶盆的描繪圖）。

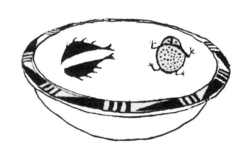

此圖是出土於陝西臨潼姜寨仰韶文化彩陶盆的描繪圖。左邊的黑色雙魚，表示既非在上弦月或下弦月，而是在月朔時，月是暗色無光的。右邊的烏龜，圭背代表天穹，龜背上的點狀代表滿天星辰。當初一月朔，弦月都是全黑時，是紀錄天上星斗最好的時刻。盆邊四周，三黑格三白格表示三陰三陽三辰曆，黑三角形與白三角形代表夜晚與白天，陰陽陰陽循環。

【辛店文化白玉啄木鳥玉雕】

【高 13.6 ㎝ / 寬 2.6 ㎝ / 厚 1.6 ㎝】

　　本器由白玉所雕成，頭部的鳥喙，羽冠特徵十分明顯，背部有鳥翅，尾部成彎勾形，腹下有簡單的足。全器有顯著的沁色。此器是屬於商代與周代之間，在甘肅省和青海省所發現的青銅器時期的辛店文化。此白玉鳥即為啄木鳥或稱鵹鳥，再演變成火、太陽、鳥合而為一的三足鳥（日中鳥），或烏鴉。

　　啟發燧人氏鑽木取火的這種「類鵙鳥」就是啄木鳥，牠又叫狀鳥，以鵹鳥為圖騰的氏族，因而成為列山氏、烈山氏、夙沙氏。以「夙」為姓是風姓的一支。（參考《龍鳳文化源流》P.178，王大有著）。鵹鳥黑中有紅，因而稱為「玄鳥」、鵬鳥，牠之所以「類鵙」，是因為頭上有羽冠，因此凡有羽冠的鳩、鵟、鵻、孔雀都是牠的同類，統稱「鳳」。鵹鳥是一切鳳鳥的祖型。由於牠和火和太陽的關係，擴大到皋雞、雄雞，又演變為踆鳥。踆鳥、三足鳥、日中鳥或金烏都是一樣為背負太陽由東向西飛行的鳥。

【高 12 cm／寬 6 cm／厚 5 cm】

　此壺上的彩陶圖案「◎」與「个」的組合，其意義即是太陽鳥的內涵。「◎」為太陽，「个」為飛鳥，組合起來就是飛鳥背負太陽飛行天空，也是意指太陽鳥，炎帝的圖騰。

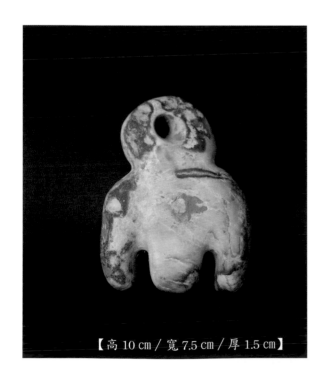

【高 10 cm／寬 7.5 cm／厚 1.5 cm】

　馬家窯文化約自西元前三千五百至西元前二千五百年，地點在甘肅青海地區。在這段歷經約上千年的文化沉積裡，發現了相當輝煌的彩陶文化。此件岫岩玉太陽鳥雕件，古樸簡單，其上有附著的細沙，為黃土高原的細狀沙。馬家窯文化的玉雕外型簡單如剪紙，不容易鑑別，必須與出土的彩陶互相印證，反覆推敲，才能判斷出馬家窯玉雕的內涵，尤其早期的馬家窯玉雕更是如此。

【商前契犬啄木鳥青玉斗】

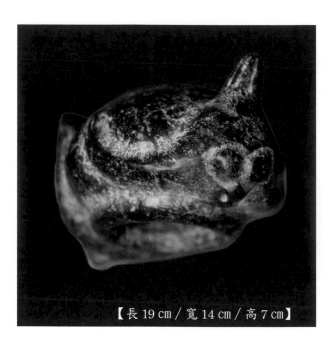

【長 19 cm／寬 14 cm／高 7 cm】

　　仰韶文化彩陶瓶（現由陝西臨潼博物館藏），參考王大有著之《龍鳳文化源流》一書，P.332 內容。由前述仰韶文化彩陶盆（藏於西安半坡博物館）的內容裡，可以瞭解到上圖彩陶瓶，亦應是炎帝像，兩個圓形眼睛即是太陽，春半年、秋半年之意。鼻子形似上弦月、下弦月，嘴形似斗，四顆牙齒有如北斗七星的四顆星。所以此彩陶瓶上畫的亦是魁的炎帝圖騰像。炎帝鬼姓。魁隗指的都是炎帝。如分解「魁」字，「田」即北斗七星、太極循環，太陽「儿」即魚尾，月亮「厶」即鳥喙，太陽「斗」即北斗，鬼上的「丿」符號即是鳥羽冠。炎帝圖騰密碼畫在其中，影響中華民族五千年帝王的文化。

【馬家窯文化白玉上昇飛鳥雕件】

【高 19 cm／寬 14 cm／高 7 cm】

　　本器簡單，正面雕出鳥的形態，雙翼向外，尾翼寬胖。憨厚的鳥臉形，此雕件就如上昇飛鳥的基本形態。

【長 19 cm／寬 14 cm／高 7 cm】

　　由青玉雕成的斗，一邊為獒犬的前半身。如將斗上下顛倒，另一邊則為一啄木鳥前半身。獒犬，代表最早將之馴服做為家犬的伏羲氏。而啄木鳥就是炎帝的圖騰。犬、鳥一前一後，中間是斗。所以整件青玉斗就是魁，即炎帝的圖騰。啄木鳥雕以飛翔狀，雙翼向後，頭上有羽冠，鳥喙朝上，由此啄木鳥的結構可知前面所提到的仰韶文化彩陶盆炎帝像，頭上的黑三角是鳥喙。嘴旁左右邊的三角形是羽翼上的羽毛。羽翼與羽冠共三個羽狀三角形。獒犬雙耳下垂，下額寬而有力，這些都是獒犬的特徵。

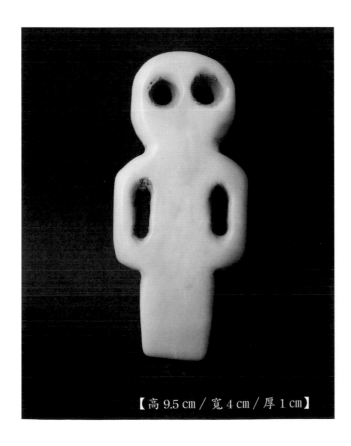

【高 9.5 cm／寬 4 cm／厚 1 cm】

　　白玉人，雙眼挖洞，就是鬼姓最好的描述，亦即表示炎帝，以人首代表太陽，也以啄木鳥、燧鳥、鳥首代表太陽。人形雕件，雙手插腰，就如小鳥，即上昇的飛鳥，與彩陶上的上昇的飛鳥圖文是同義的。

【漢白玉獸面紋珮】

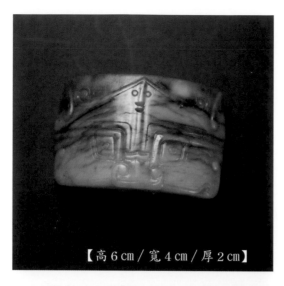

【高6cm／寬4cm／厚2cm】

此器為四方形的獸面，即是魁，北斗，四方形斗。獸面紋中，鼻（雲紋）是雙弦月的組合，（魚尾外形）。漢代時，已不知雲紋即雙弦月。額正中有一箭形，即是上昇的飛鳥（飛鳥朝日），箭形上有簡單的眼、鼻、口，亦是臉形與箭形重疊的表現。所以臉形即是炎帝，即是太陽。此白玉獸面紋珮，即隱含日、月、斗的護身符。

【馬家窯文化岫岩玉載日飛鳥紋玉雕】

【高10cm／寬9cm／厚1.5cm】

玉雕呈飛鳥的正面形，鳥首簡化成圓形，且中間有一圓洞，來代表或隱喻它是太陽。此件玉雕與彩陶上的載日飛鳥紋是一樣的內涵。

【馬家窯文化岫岩玉飛雁雕件】

馬家窯早期的玉雕，猶如剪紙，能以簡單的外型描述生動的動物。雁鳥的頭比較小，頸長，飛行時，頭向下俯視。本件與上一件，這二隻飛鳥，雕刻簡單生動，這就是馬家窯玉雕引人注意之處。

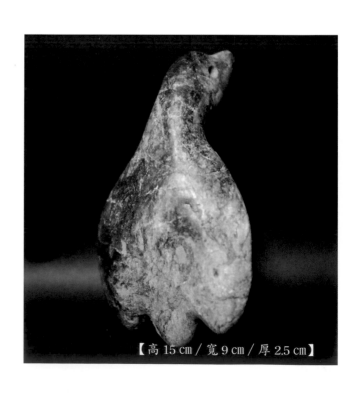

【高15cm／寬9cm／厚2.5cm】

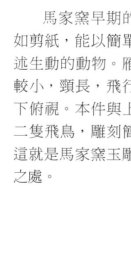

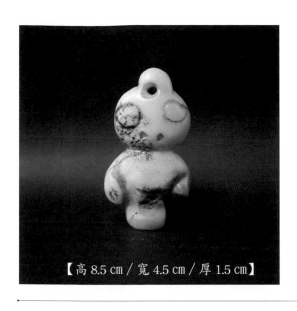

【高 8.5 cm／寬 4.5 cm／厚 1.5 cm】

白玉飛鳥人雕刻的形態，就像人首飛鳥（正面飛鳥）身。與彩陶紋飾上，飛鳥朝日，飛鳥載日的描述與意義是相同的。

【馬家窯文化白玉飛鳥人雕件】

【高 7.5 cm／寬 3.5 cm／厚 2 cm】

本件玉雕，人首飛鳥身，表現飛鳥朝日或飛鳥載日的意義。在馬家窯玉雕中，有為數不少的量，以類似的方式呈現，讓人感受到這是一種強烈的信仰，也可以說是馬家窯文化的圖騰。證明了由仰韶文化彩陶盆上複雜的人首魚圖騰，簡化至馬家窯彩陶壺的簡單圖騰，其意義皆是炎帝圖騰「飛鳥日」或炎帝圖像。

【馬家窯文化白玉飛鳥人雕件】

此雕件應為雀鳥，頭大，短頸身，體微胖。亦有飛鳥朝日之姿態。

【高 9 cm／寬 7 cm／厚 2 cm】

【馬家窯文化白玉飛雀鳥雕件】

【仰韶文化彩陶盆飛鳥圖】

上圖為仰韶文化彩陶盆上的飛鳥圖（藏於陝西西安博物館），下圖為學者整理出彩陶上的鳥變成魚的演變過程。中國學者整理出彩陶上飛鳥的演變過程，由真實的外形演化至抽象的象徵形態。人們從輝煌的彩陶文化所遺留眾多的彩陶上的圖像，整理出飛鳥的演變。由此正可證明馬家窯玉雕上的飛鳥或鳥變成魚，變不成魚的成為鳥首魚尾。簡單奇異的組合，真的是鳥變成魚嗎？許多學者咸認為這種現象，應該被解釋為鳥圖騰民族被魚圖騰民族侵占或併吞。

【馬家窯文化白玉飛鳥雕件】

【高 7.5 cm／寬 5 cm／厚 4 cm】

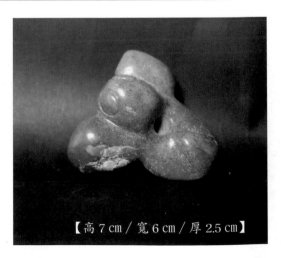

【高 7 cm／寬 6 cm／厚 2.5 cm】

此二玉飛鳥雕件比早期之飛鳥玉雕更為寫實。彩陶上之飛鳥由寫實演變至抽象；而飛鳥玉雕則由抽象演變至寫實狀態。

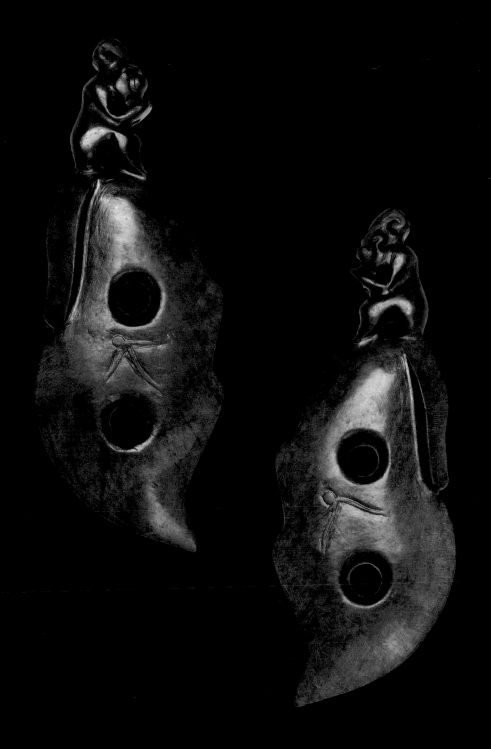

【商時齊家文化青玉羌首連山鉞】

鉞首有仿北巫覡，頭戴羊角面具，是為羌族祖先圖騰，鉞面有　圖騰文，此圖騰紋為炎帝密碼，上昇飛鳥，所以此羌首連山鉞為祭祀炎帝的禮器。

【高 37 cm／寬 13.5 cm／厚 2.7 cm】

【高 9 cm／寬 2.5 cm／厚 1.5 cm】

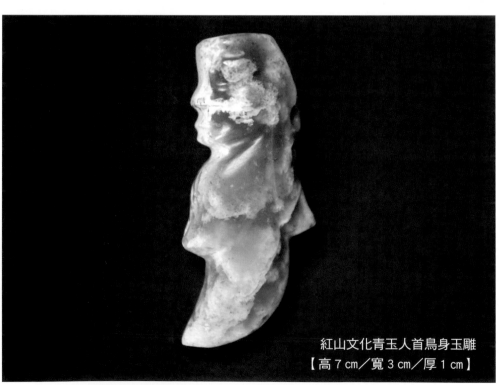

紅山文化青玉人首鳥身玉雕
【高 7 cm／寬 3 cm／厚 1 cm】

以下三件玉雕，不同年代同樣的內涵，都是飛鳥日的圖騰。

首先，此項玉雕正如彩陶上寫實的飛鳥圖，玉雕上又介於馬家窯玉雕早期的抽象與晚期寫實的中間。

青玉璧雙鳳雙箭簇，箭簇即鳳鳥的簡圖。

【高 19.5 ㎝ ／ 寬 19.5 ㎝ ／ 厚 0.5 ㎝ ／ 內孔徑 4cm】

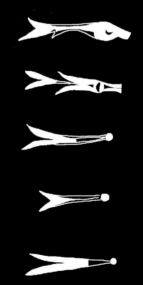

【馬家窯文化青玉鳥首魚尾】

簡單怪異特殊的組合，鳥不像鳥，魚不像魚，就是如此獨一無二的玉雕，才能如此斷定玉雕屬於仰韶文化、馬家窯文化系統的西北玉雕。

學者整理仰韶、半坡文化、廟底溝文化，魚圖騰的演化，廟底溝魚紋的圓形魚頭，其實是鳥頭是太陽，而非魚頭。廟底溝魚圖騰，就是鳥變成魚的鳥首魚尾的鳥魚合併圖騰。

【高 14 cm／寬 4 cm／厚 1.2 cm】

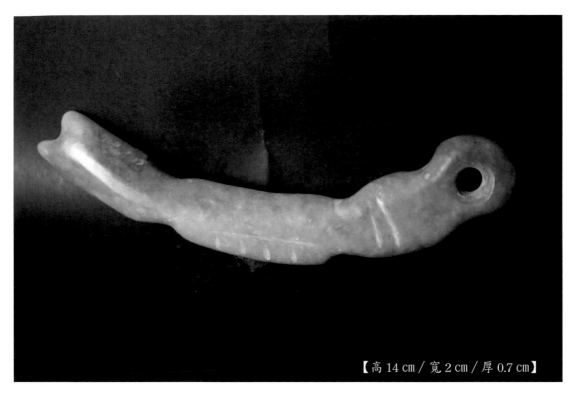

【高 14 cm／寬 2 cm／厚 0.7 cm】

圓頭代表日，分叉魚尾代表雙弦月，鳥魚圖騰合併的鳥首魚尾，特殊的馬家窯玉雕。

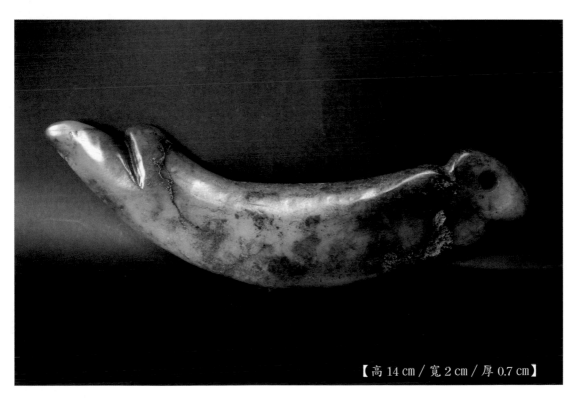

【高 14 cm／寬 2 cm／厚 0.7 cm】

圓頭代表日，分叉魚尾代表雙弦月，廟底溝文化中特殊鳥首魚尾圖騰，此件鳥首魚尾玉雕不能確定是廟底溝文化時期，至少是馬家窯文化的玉雕。

【商時齊家文化青玉螳螂人】

【高 21 cm／寬 11.5 cm／厚 4 cm】

　　人首螳螂身軀，人首有圓圈的眼睛與嘴，這是齊家文化的玉雕特色。身軀有二字圖文，彩陶文化中三足鳥與二尾魚。右邊圓圈頭二線尾，代表魚代表月。左邊無圓圈頭有三線腳，代表鳥代表日。齊家文化中有螳螂圖騰族，祭祀日、月，以青玉人首螳螂為禮器。

【齊家文化白玉鉞】

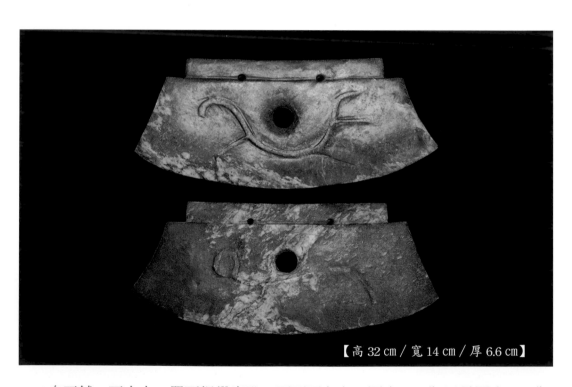

【高 32 cm／寬 14 cm／厚 6.6 cm】

　　白玉鉞，正中央，單面桯鑽穿孔，而兩面各有一圖文，一為日月圖文，一為斗獸圖文，日月圖文，左二叉右三叉，若中間加圓圈，即是在彩陶文化中的鳥魚或日月的演變圖文，一圖文為斗獸圖文，圓首柄加冂為斗魁，即是斗獸圖文。玉鉞，王者的權杖，權杖上，有代表日、月、星斗宇宙的法力，是商或商前，帝王們想得到的無上權力。

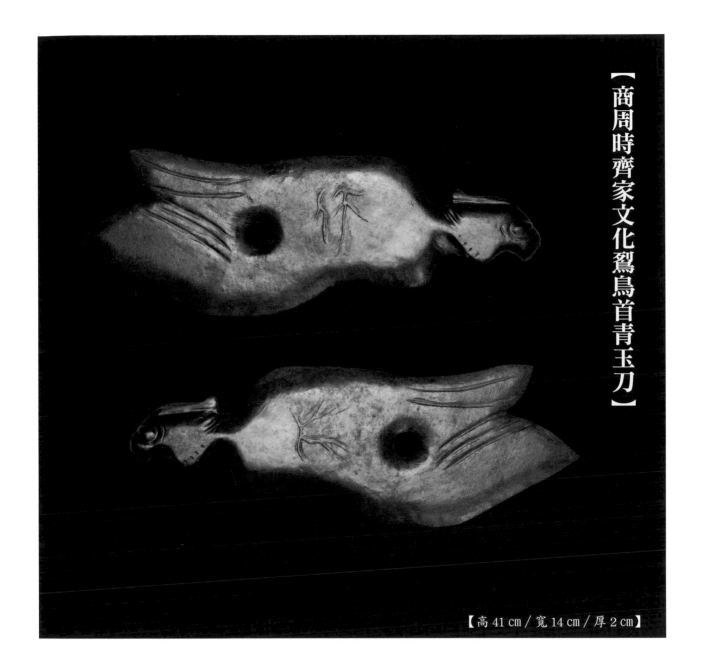

【高 41 cm／寬 14 cm／厚 2 cm】

　　青玉刀，鳥首魚尾，鳥首為日，魚尾為月（彩陶文化鳥魚圖騰融合），魚尾為陰，陰陽循環，日月交替。青玉刀兩面各有一字，正面字，從人從干，干即天干，反面字，丌，二腳。一為三分支即是彩陶文化晚期飛鳥，一圓首三尾（分叉）一為二分支，即一圓首二尾魚圖騰。刀魚尾亦有二陰線與三陰線的魚尾分叉。馬家窯文化與廟底溝文化、仰韶文化的精隨都保留在齊家文化當中，只是時代久遠，漢時已經無法解釋齊家文化的密碼，更何況今日。

　　綜合學者的統計，彩陶文化，鳥與魚的演變。一首三分叉，首是日為圓，三分叉即三腳，三腳圓首即太陽鳥、三足鳥。一首二分叉，首為月為圓，二分叉即為魚尾，即為雙弦月，一首二分叉即是雙弦月。彩陶密碼，一圓三叉、一圓二叉，是日鳥與月魚，白天與夜晚循環交替，即日月交替陰陽循環，太極之道。

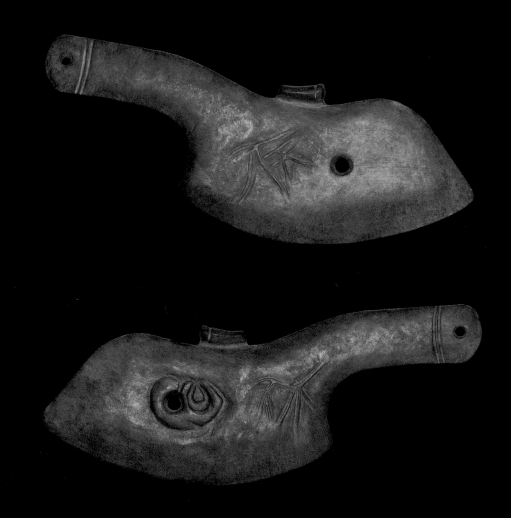

【商周時齊家文化青玉刀】

　　青玉刀，刀背雕有一蟬，刀面刀柄各有一孔，一刀面一孔剛好做為豬龍胎的中孔。刀面一面二字丌與天，一面一字由二叉三叉的組合圖騰。豬龍胎是顓頊，代表巋，代表北斗，與日、月形成日、月、北斗，而刀外形亦是斗魁與斗柄的組合，這就是上古君王的密碼。顓頊生窮蟬，此二圖騰代表父子傳承。

【高 34.5 ㎝ ／ 寬 12 ㎝ ／ 厚 0.9 ㎝】

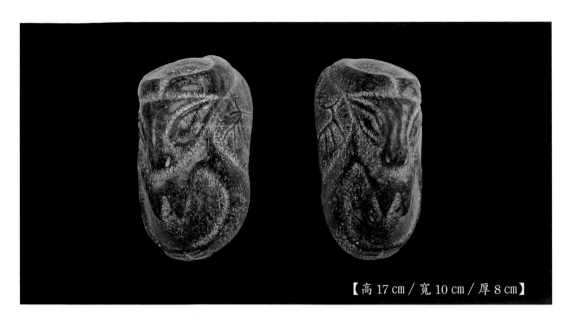

【高 17 cm／寬 10 cm／厚 8 cm】

　　龍山文化，鑿齒文化，即把門牙拔除，在犬齒裝上長長的假牙，外觀上即有四棵長長假牙的面具，即是鑿齒文化，盛行於大汶口文化與龍山文化。面具臉頰上左右各有一字，一橫二分叉（有黑色沁紋，並非雕刻紋）與一橫三分叉，上古時期日與O，時常以一橫代替，如天字常寫成「吳」，可知一橫即為一圓即是日的簡化。所以一橫二分叉與一橫三分叉，即是彩陶文化中的日與月的組合，魚尾與三足鳥的簡化，此面具內面挖空如杓、如斗，亦是象徵北斗之意，所以此龍山文化的面具，具備有日、月、北斗（星辰）的神力，是掌握有天地、宇宙循環的神力面具。

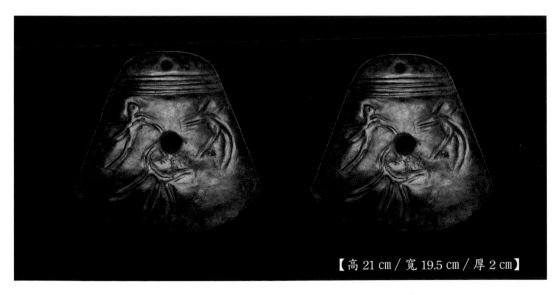

【高 21 cm／寬 19.5 cm／厚 2 cm】

　　青玉大鉞，正中有一穿孔，一面穿孔剛好作為豬龍胎圖騰的中心，另一面有三字，一字是天又是昊字，是為少昊也，一為二分叉，一為三分叉，二分叉上有一橫，三分叉上結合中間的穿孔，即圓與三分叉，圓即為日，一橫亦是日，日與三分叉結合即為後期漢字的易，這些內涵傳承於仰韶文化。鉞是君王的武器，玉鉞並非用於砍殺人首，而只是權力的象徵，做為權杖用或法器用途，權杖上刻有豬龍圖騰、昊、日、月即是能號令日、月、星辰，而又有祖靈守護的一支法力無邊的權杖。

【商青玉人首】

【高5cm／寬4cm／厚1.2cm】

青玉人首，圓臉是日，頭戴帽如月，即是日月交合循環的表徵。

【商周岫岩玉璜璧合體】

【高26cm／寬21.5cm／厚1.7cm】

璜如月，璧如日，璜璧合體如日月交合，璜有四字，連山夕、朝、斗魁、鳳夕。連山夕與朝連接，即春分迎日於祭日於東，日在草下，秋分納日祭日於西。

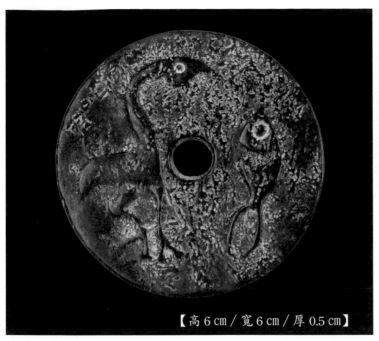

仰韶文化彩陶罐藏於西安
半坡博物館

【高 6 cm／寬 6 cm／厚 0.5 cm】

　　青玉系璧，淺浮雕有一鸛鳥一魚，鸛與魚的圖騰，從仰韶半坡文化的彩陶罐上的圖騰，就一直保留至商周系璧上，彩陶罐有鸛懸魚，外尚有一斧，彩陶上鳥魚組合都是隱含日月循環、陰陽交合之意，而斧是為權杖，斧與柄的結合上有四點，暗示斧即為北斗，斧柄上有 X 即是交午，陽至盛時陰至稀之意，亦是太極交午之意，故整個罐上圖騰是天地、宇宙、日、月、星辰之含意。

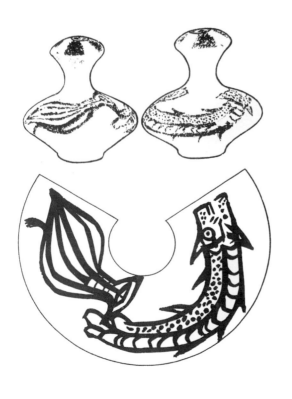

　　《美工科技Ⅰ》P.15 記載，仰韶文化彩陶壺，彩陶壺上亦是繪有魚鳥圖，魚為魚龍，鳥為啄木鳥，啄木鳥是為鴳鳥象徵是日，魚龍是魚族之龍是彤魚族之象徵，亦是與半坡炎帝彩陶人魚盆描述是一樣的，一半是族群圖騰，一半是宇宙、日、月、星辰的隱喻，日月循環太極之道。

25

【周時商文化青玉系璧】

　　系璧上淺浮雕，二動物二甲骨文，動物為鴞與魚，商文化傳承了仰韶文化魚鳥圖騰。商時鳥圖騰，鴞鳥所魚鳥圖騰鳥換成鴞鳥，而不是鸛鳥或是啄木鳥。甲骨文二字，左為亡字右為鳳字，鴞鳥就是貓頭鷹、夜貓子，就是夜鳥。亡鳳就是貓頭鷹，就是夜鳥。周時為了消滅去除商圖騰，把商圖騰鴞鳥說成不吉之鳥，飛到住家屋頂，其屋就有人死亡，皇城裡不能有鴞鳥，還成立捕鴞大隊，四處圍捕鴞鳥。故商時圖騰吉鳥，周時是變成亡鳥、不吉之鳥。此一觀點一直保留至今，夜貓子不吉之鳥，是溝通陰陽之鳥。

　　《郊祀誌》：漢令郡國進梟，五日為羹，賜百宮，以惡鳥故食之，以辟誅惡也，即漢代宮廷於五月初五，頒賜「梟羹」給群臣，以體現皇帝驅邪匡的思想。漢時傳承周時滅商文化的敵對思維。

【高 6 cm／寬 6 cm／厚 0.5 cm】

【高 11.5 cm／寬 4.5 cm／厚 0.3 cm】

　　青玉刀，鳥首，中間有鳥翼紋，刀面有二字，五、鳳子（鳳子合文），五鳳子即為十天干，天干地支的日圭，交午鳳子，太陽鳥也，玄鳥即為交午之鳥。

　　商時三星堆文化金箔四時鳥（現藏於四川三星堆博物館）。中間為十二光芒的太陽，周圍為四時鳥，春、夏、秋、冬。四時鳥、午鳳子是商周時期太陽鳥的傳承，指藏時現象四時巡天，一周以冬至為起點，中經春分、夏至、秋分再回到冬至，為萬物生命生長的一個週期。

【周時商文化青玉伯逢實沈二星連山鉞】

【高 32 ㎝／寬 13 ㎝／厚 2 ㎝】

　　伯逢、實沈，東西天空的二顆星（見於東方就不見西方，因其實二顆星其實是同顆星），二人冠上，有一陽面雕鳥紋一陰面雕魚，二人背對背，鉞刀面上有七字（意思待解）。

【周時商文化青玉系璧】

【高 6.4 ㎝／寬 6.4 ㎝／厚 0.8 ㎝】

　　青玉系璧上鳥紋，與青玉鉞二人冠上的鳥紋是一樣的，系璧上另有三字，日、鳳最下一字應是北斗，凵與十的結合為北斗。（以上四圖鳥紋代表商周時期太陽鳥紋）

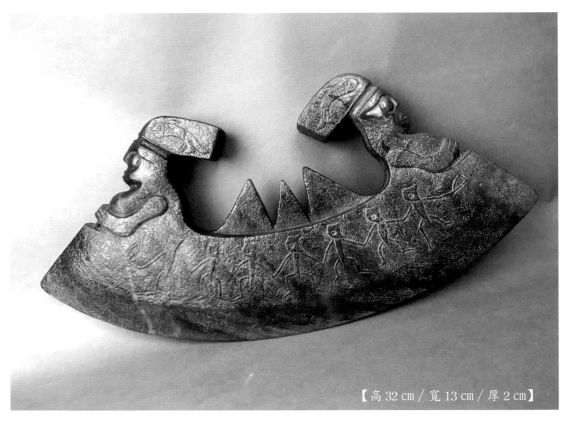

【高 32 ㎝／寬 13 ㎝／厚 2 ㎝】

另一面二人冠有魚紋（另面是鳥紋），鉞面上有臣字眼的七人手連手跳舞（代表是北斗七星）。

【高 6 ㎝／寬 6 ㎝／厚 0.8 ㎝】

系璧魚紋與雙人連山鉞二人冠上魚紋是同樣的雕工。

魚紋代表的是弦月，魚紋代表的是月鳥（月鳳），七人跳舞，就是北斗七星的隨春夏秋冬而旋轉。連山就是夏朝以前的易經，稱連山易，此青玉連山鉞，雕刻著淺浮雕的鳳紋、魚紋、北斗七星紋，表示日、月、星辰，宇宙萬物運行之道，就是連山易。易經，夏日連山，商日歸藏，周日周易。

【商周青玉鳥身魚尾獸】

【高 5 cm／寬 5 cm／厚 1.5 cm】

鳥首與連山鉞人首帽上鳥紋首一樣，張口燧鳥冠羽。而尾部即是魚尾，若是鳥尾是水平雕刻，魚尾是直立雕刻，所以此青玉鳥卻有魚尾的組合，即是傳承仰韶、廟底溝文化魚鳥圖騰。

【商前青玉魚珮】

【高 6.5 cm／寬 3.5 cm／厚 0.5 cm】

青玉魚珮中間有大圓孔，應是象徵是日，而不是飾孔，穿戴孔在魚嘴，有小孔，代表魚嘴又是穿戴孔。刻有一字△，即是最早的甲骨文「帝」字的甲骨文，青玉魚珮也是魚鳥圖騰的綜合體，魚鳥圖騰代表日月交替，陰陽循環不已的天道。

正面

背面

【高 8.5 cm／寬 7 cm／厚 0.5 cm】

斧如魁，加柄如斗，正面為獸面紋即斗獸面，雙眼，圓即日，雙眉鼻，即魚首魚尾，雙頰即是斗左右循環旋轉。所以青玉斧即是首領部落酋長的權杖、令符。

【高 6 cm／寬 6 cm／厚 5 cm】

印如覆斗，覆斗上有三圖騰，一獸面紋，獸面紋就是斗獸，斗獸雙眼如日，鼻如魚頭，雙眉如魚尾，鳥即象徵是日，日鳥印頂上為太乙，雙己回紋即是太乙紋，太極宇宙循環的天道紋。印上有著天上無極日、月、斗，應該是古道教之印信。

【戰國至西漢墨玉西王母像正面、背面】

正面　背面

【高21cm／寬9cm／厚8cm】

　　西王母像頭戴太陽鳥，雙耳就是雙弦月，雙手以鳥形代替雙手，巫施法術通常以鳥來與上天或神來溝通，這種習俗一直至現今的薩滿教，還是存在著。錦衣有獸面紋，獸面紋就是北字，就是代表北斗。日、月、北斗在古道教或是萬物，都是神的年代是具有無上法力，神像也必須附屬著日、月、北斗來提高神力。

【西周至春秋青玉鉞正面、背面】

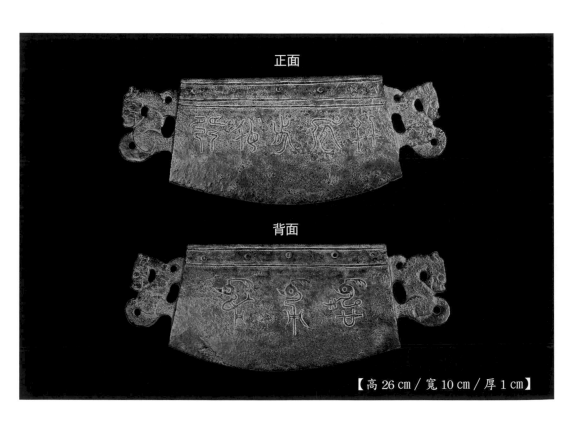

正面

背面

【高26cm／寬10cm／厚1cm】

　　正面青玉鉞，右左各一獒犬，鉞面正面有三字鳥形文，反面有五篆字。鳥形文，鳥首與冠羽都份是外加其餘才是甲骨文，左為月、H即鳳；中為用，祭祀詞；右為卅與口，為斗獸與魁，此玉鉞應是河西、犬戎族的首領權杖。

正面

背面

【高 27 cm／寬 8 cm／厚 0.7 cm】

正面炎帝面像雙眼如日，鼻以火字，嘴刻以下弦月，即是西周至春秋時期炎帝像，上有日晷方形琮，琮上有一犬（犬是犬戎族的圖騰族），炎帝像琮，都是代表神位之祖。圭面有鳥形文，鳥形文如甲骨文「用」字，用的上部加一隻鳥，鳥羽冠為斗字，鳥首為日鳥，尾部為魚尾（叉形尾），四字鳥形文，右上為斗獸，右下為「帝」字，左上為用（祭祀詞），左下亦為用。（犬戎族裔為胡人祖，應也有髡髮傳統，所以炎帝像亦髡髮）

33

底座

【高 11 cm／寬 11 cm／厚 6.5 cm】

蓋子

【高 16 cm／寬 10 cm／厚 12 cm】

【周時有蓋青玉鼎】

　　青玉鼎上紋路都是鎏銀，鼎蓋紐，有四漩渦太極日紋。蓋鈕的二邊有脊扉狀日晷紋，左右各四個加蓋紐，就是圭的日晷紋，蓋面兩面各有一獸面紋，獸面紋有雙圓圈象徵雙日的雙目，雙魚尾的雙耳，額上有雙草葉圖騰。底座，雙日目，雙眉換成牛的雙角，而眉鼻則以菱形北斗紋，底座兩側，亦有四脊扉狀日晷紋。草葉紋、牛角紋都是神農氏圖騰，日與魚紋亦是炎帝神農氏圖騰，斗魁也是炎帝隗魁氏圖騰，所以此鼎即是祭祀神農氏之禮器鼎。

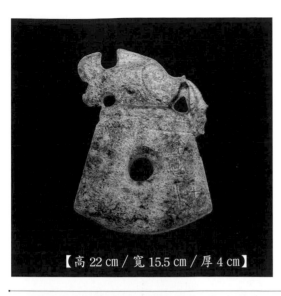

【高 22 cm／寬 15.5 cm／厚 4 cm】

青玉斧，魚咬鳥翼斧，鳥翼有如雲氣，但不是雲氣紋，是日鳥的簡化，象徵物。斧即是斗魁，魚象徵月，鳥翼象徵日，所以此青玉斧即是含有日、月、北斗的帝王法器密碼。

【高 20.8 cm／寬 20.8 cm／厚 0.4 cm／
內孔徑 4*4cm】

青玉大璧分四等分，代表春夏秋冬四時，大璧四等分圖文，雙魚與月，左下鳥形文為 H 與月的結合字，H 為鳳字甲骨文。此青玉大璧是祭月的大璧。

雙魚青玉斧，斧如月字，雙魚即是雙弦月。代表上弦月與下弦月為一月，斧面四字甲骨文，夕、乍、八口（吉字或八方）、用，都是關於祭祀用詞，此玉斧是祭月用禮器。

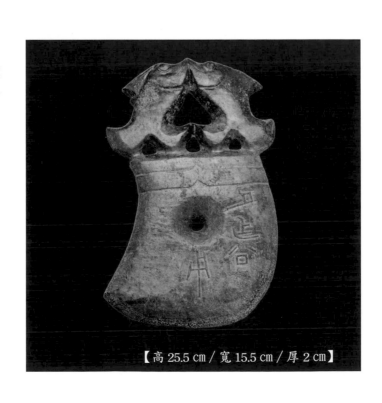

【高 25.5 cm／寬 15.5 cm／厚 2 cm】

【商周青玉雙魚鐲】

就只是雙魚鐲能代表什麼？上古文化要從源頭瞭解，魚文化魚族圖騰佔據仰韶、廟底溝、馬家窯文化的多少成分？被遺忘的文化就從古玉文化來還原，雙魚鐲就代表宇宙循環的太極之道。

【高 9.5 cm／寬 9.5 cm／厚 5 cm】

【商周時齊家文化青玉人首鳥身鐲】

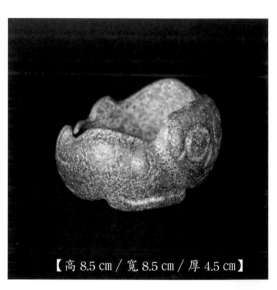

【高 8.5 cm／寬 8.5 cm／厚 4.5 cm】

人首鳥身炎帝像，太陽鳥以人面為首，流傳自仰韶文化彩陶盆，是代表飛鳥載日，人首即是日即是炎帝。

【商周時青玉雙魚鐲】

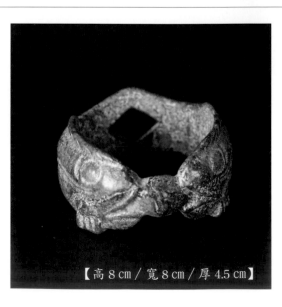

【高 8 cm／寬 8 cm／厚 4.5 cm】

雙魚抱珠，珠即太陽，雙魚即是雙弦月即月，合於鐲日月循環之意，就是最早太極圖，雙魚追逐的太極圖。

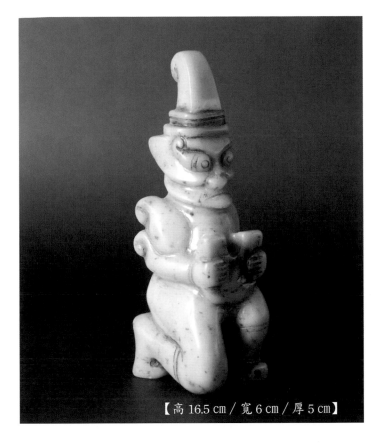

【高 16.5 cm／寬 6 cm／厚 5 cm】

　　巫覡單跪，持璜祭祀，巫覡以雙魚為眼，上手臂以鳥翼為飾，頭戴高冠，高冠以鳥喙為形。與纏絲彩漆白玉巫覡玉雕作對比，應是同組的巫師雕像。

正面　　　　　　背面

【高 16.5 cm／寬 5.5 cm／厚 4.5 cm】

　　巫覡單腳跪地，手持琮祭，雙眼以魚代表，魚塗紅漆，眼塗以綠漆，胸前以纏絲塗紅漆的火字，火是炎帝的圖騰，雙肩有鳥翼狀，頭戴鳥喙高冠。背雙火圖文亦是炎字。（羌族為北魏多族中的一族，羌族以炎帝為祖先）

【漢巴蜀文化青玉巫覡獻祭玉璜】

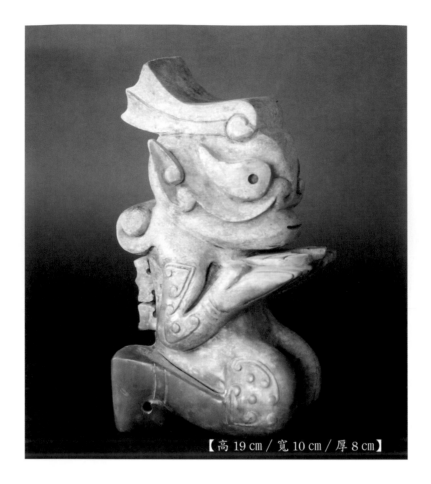

【高 19 cm／寬 10 cm／厚 8 cm】

　　巫覡手持玉璜或玉月，巫覡雙眼以雙魚代替，巫覡鼻以雙弦月代鼻，巫覡頭戴鳥翼冠，鳥翼冠代表日鳥，是象徵日。一圓首三分支即上昇飛鳥或稱三足鳥。巴蜀文化，保留炎帝文化，保留祝融留下三星堆文化，以祭月為傳統的文化。

【商青玉牙璋】

商青玉牙璋
【高 20 cm／寬 7 cm／厚 0.5 cm】

商青玉牙璋
【高 44 cm／寬 10 cm／厚 0.5 cm】

　　牙璋，因三星堆出土，青銅巫覡雙手舉牙璋作祭祀之姿。只能做祭祀的禮器，一般都認為牙璋，二尖尾，刀尖是凶器主興戰爭之器。作者認為，為祭月之禮器。太陰曆法，法器。牙璋分佈全中國各區，而以巴蜀地區最為精緻。巴蜀祖燭龍，燭龍為夜神，主祭為月神而非日神。巴蜀三星堆巫覡舉牙璋祭祀，即祭月神，如紅山文化，牛樑河遺跡出土青玉勾雲禮器，商周琬圭圖文，商玉像背後的勾雲紋，都是一樣。摩仿弦月形如彩陶文化上魚圖騰、魚尾、雙弦月，代表月神，代表太陰曆法，是故牙璋為法器為太陰曆法，祭月的法器。

【高 32 cm ／ 寬 14 cm ／ 厚 1.2 cm】

【高 32 cm ／ 寬 14 cm ／ 厚 1.2 cm】

商周時青玉琬圭反面

【商周時青玉琬圭正面】

　　商周時青玉琬圭，正面有平行四條紋，條紋中間有向上摺起，代表陽面，陽面二字，告（祭祀詞）、夕，口即夕，與魁，即祭祀月神，反面有四平行線所為摺紋，表示陰面，陰只有一圖代表夕，斗魁以弦月代表，口來結合斗柄表示夕斗或夕魁。

【馬家窯文化白玉魚形觽】

　　馬家窯魚形觽，是最早期的觽，由此魚形觽，可知是彤魚族的圖騰，魚形觽，代表是弦月代表是彤魚族，故作者認為商周後世的觽就是彤魚月圖騰。

　　紅山文化遼寧牛樑河遺址文化青玉。由商周時青玉琬圭，可知紅山文化，此件玉器是祭祀「月」的禮器，是太陰曆法的法器。

【高 8.5 cm ／ 寬 2.5 cm ／ 厚 0.5 cm】

【商周青玉魚斧】

【高 32 cm／寬 18 cm／厚 2 cm】

　　魚斧：斧以魚為柄，魚以鳥形臣字為眼，魚腹有雙孔，代表雙弦月，魚側淺浮雕三字。魚斧：本身就代表北斗，魚是柄是三星相連的斗柄，斧是魁，四星或方形，所以魚斧，應是以魚為圖騰的部落首領權杖與法器。

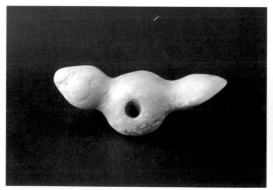

馬家窯文化白玉太陽鳥金烏載日
【高 8 cm／寬 2 cm／厚 2 cm】

馬家窯文化岫岩玉太陽鳥金烏載日
【高 10 cm／寬 7.5 cm／厚 6.5 cm】

　　古時人民，認為太陽，昇起東方日落西方，都有一隻大黑鳥負載，橫越天空，晚上在地底，由烏龜負載，在歸墟之地，沐浴休息，昱日再從東方昇起。二件太陽鳥玉雕，中間都有挖洞，有如抱日、負日。岫岩玉鳥中間的孔洞大，並不是一般穿戴用的孔洞，可作為木棍穿過，支撐作為法器，或者只是表達，陽鳥負日的祭祀禮器。

商王像，身體以胡盧形代表是盤瓠族裔，雙手向下腳蹲向卜，就是巫覡施法，仿生巫術仿北之姿勢。耳朵就是魚尾，雙弦月十二地支代表的太陰法器。雙眼以魚形來代表，商王冠飾就是變形鳥喙，代表著太陽鳥，代表太陽商王，就是日、月、星的人間代理人，握有掌控日、月、星辰天地運行的無上權力的大法師。

【高 14.5 cm／寬 7 cm／厚 3 cm】

【春秋白玉、青玉人鳥玉雕】

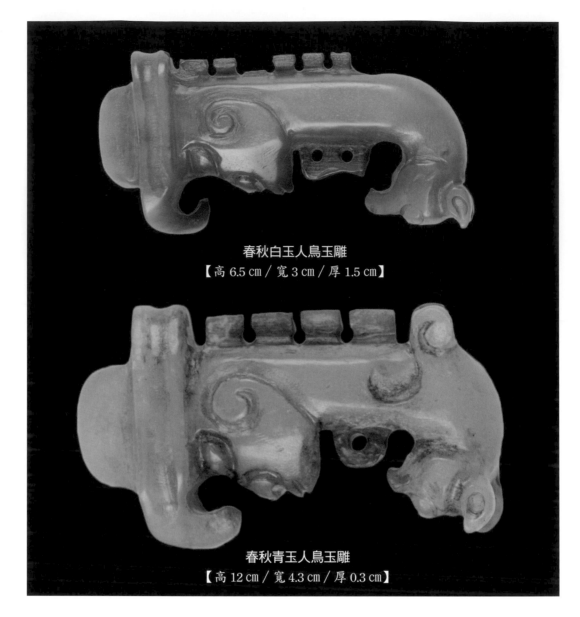

春秋白玉人鳥玉雕
【高 6.5 cm／寬 3 cm／厚 1.5 cm】

春秋青玉人鳥玉雕
【高 12 cm／寬 4.3 cm／厚 0.3 cm】

　　兩玉雕為一組，一白一青，背脊白玉雕為六，中間斷一扉脊，另一有五背脊，腹部白玉雕為雙圓孔洞，青玉雕為單圓孔洞。白玉雕腹雙圓孔洞，背脊為六，代表是月，六是十二地支，雙圓孔洞是雙弦月。青玉雕腹單圓孔洞，背脊為五，代表圭是日晷，代表天干，單圓孔洞是代表太陽。商婦好墓白玉鳳背上，亦有一單圓孔，二雙圓孔而又有壓地凸起的月與勿二字，月為倒形，勿即是飛鳥、太陽鳥，代表是日，壓地凸起紋即是日、月二字。

　　商婦好墓出土玉鳳。玉鳳身有淺浮雕二字，月與鳥字，鳳尾是 H 形，鳳背有一孔與二孔，凸起一孔即是代表日，二孔代表雙弦月，此婦好墓出土的玉鳳，身上的紋飾都是隱藏的天文密碼。與春秋白玉人鳥玉雕比較可知，一孔與二孔突出物，代表日、月的證據。

【高 12 ㎝／寬 12 ㎝／厚 5 ㎝】

　　商時，人物玉雕常見捲雲尾飾，一般稱捲雲器。捲雲器，源自馬家窯文化，魚尾、雙弦月代表月神，商王，雖以天干來命名，如上甲、日乙、武丁等都是天干名，但卻以十二太陰曆為曆法。魚尾、雙弦月代表就是十二太陰曆、十二地支。商王本身就是大巫覡，負有祭天的職責。魚尾、雙弦月就是商王祭天的太陰法器。商王畫像，臣字眼代表日鳥，鼻是魚頭而接雙弦月，魚尾眉，嘴形為斗狀。商王法像就是日、月、星辰的日鳥首像，而背後的捲雲魚尾即是日鳥魚尾，象徵商王本身即是日鳥月魚（龍）的化身。

　　此件玉雕與殷墟婦好墓捲雲器跪人不同處為 1. 此器：壓地隱起紋，婦好墓：雙陰線紋。2. 本器：腳腿部龍紋為蘑菇頭，蘑菇龍是商龍的特徵。3. 婦好墓商玉玉雕 7㎝，本器 12㎝。

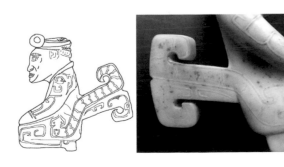

【崧澤文化白玉飛鳥】

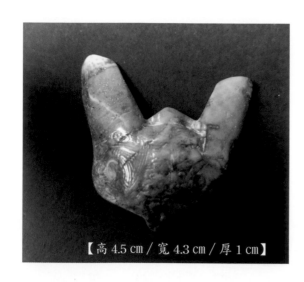

【高 4.5 cm／寬 4.3 cm／厚 1 cm】

白玉飛鳥雙眼雕有日暈紋代表日，亦是代表金烏載日的金烏。

松澤文化是良渚文化的前期，有著良渚文化的風格玉雕，但沒有良渚玉雕的精緻，良渚文化是傳承松澤文化。此四件，金烏載日玉雕，即與良渚神徽圖騰中，日鳥圖表達的意念是一樣。

【崧澤文化金鳥載日】

崧澤文化金烏載日
【高 9.5 cm／寬 8 cm／厚 1 cm】

崧澤文化金烏載日
【高 7 cm／寬 6 cm／厚 1 cm】

崧澤文化金烏載日
【高 8 cm／寬 2.5 cm／厚 1.5 cm】

【大汶口文化灰陶尊圖騰】

大汶口文化灰陶尊圖騰，當然有多種解釋，作者解釋為日，雙弦月、連山、斗的圖騰。

馬家窯彩陶文化飛鳥負日圖文。大汶口文化與崧澤文化（良渚文化）有著傳承與相互影響的關係。

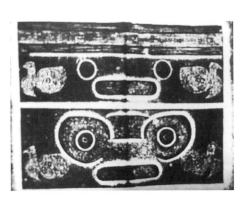

良渚文化青玉大璧

大璧上圖騰祭台（北斗）上圖案中的圓形即北斗旋轉圖，為太極陰陽旋轉圖上為飛鳥，為日，下，為魚尾，為月，左肩右肩是飛鳥，就如商鼎中的臣字眼。

良渚文化，琮上的圖騰，上為月（獸面紋，眼無暈）下為日（獸面紋，眼有暈），左、右各有一日鳥結合的日鳥圖（眼有暈）。（應可下個定論，良渚文化中，獸面紋有眼暈，代表陽、代表日，無眼暈獸面紋代表陰、代表月）

二件良渚文化中日鳥圖騰可知，眼即日，眼即鳥，獸面紋即是天地之縮影，商時獸面紋只是延續早期中華文化的傳說。

【高 17.5 cm ／ 寬 14.5 cm ／ 厚 0.5 cm】

青玉鉞上圖騰一是獸面紋神徽圖，一是日鳥合圖的變形簡圖。

【馬家窯文化白玉雙鳥負日】

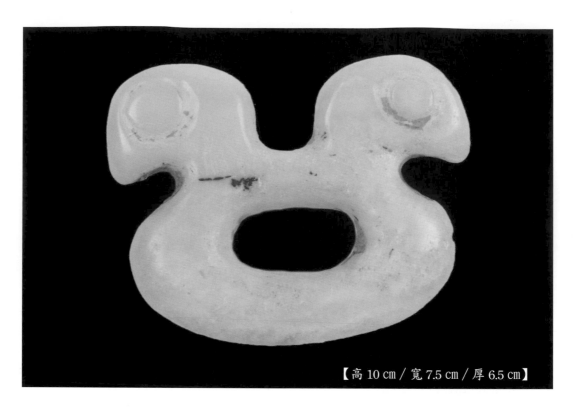

【高 10 cm／寬 7.5 cm／厚 6.5 cm】

馬家窯白玉雙鳥負日，必須與浙江河姆渡文化雙鳥負日的象牙骨雕比較才知其共同性。

浙江河姆渡文化雙鳥負日象牙骨雕

河姆渡文化已知是西元前六千年，馬家窯文化西元前三千五百年，兩者傳承鳥與日的關係。河姆渡文化鳥日傳奇在中國才是個開始，傳至仰韶文化（西元前四千年）崧澤文化、良渚文化、馬家窯文化（西元前三千五百年）良渚文化、齊家文化（西元前二千五百年）商前至商末文化（西元前一千年至一千五百年）一脈相承，至商文化才算一個總結，周以後鳥日傳說，已由鳥即日即帝王的傳說，轉換成生活在日中的三足鳥，三足鳥代表日而已，已非帝王的代表了。

【龍山文化圖騰 206】

龍山文化圖騰面圖騰中亦以雙鳥為眼睛，抽象化至難以辨別，鳥眼，鼻以鳥嘴上勾，鳥翼在耳部的三勾形。所以此龍山文化圖騰就是商時獸面紋的起源。可與「圖 207 馬家窯文化彩陶」商鼎圖文比較可知。

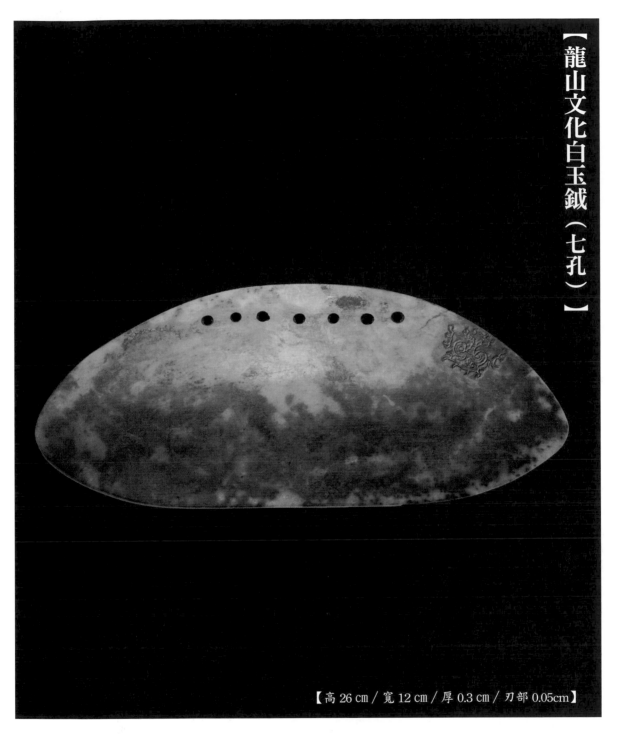

【高 26 cm／寬 12 cm／厚 0.3 cm／刃部 0.05cm】

右上角龍山文化圖騰如上圖「龍山文化
圖騰 206」。

圖 207 馬家窯文化彩陶　　　商鼎上的圖騰

【龍山文化青玉面具】

正面

【高 21.5 cm／寬 11 cm／厚 1.5 cm】

　　龍山文化青玉面具呈方形，應是放置於圖騰柱上，祭祀用，青玉面具以鳥紋為雙眼，以雙弦月為鼻子，以日晷圭紋雕於嘴巴，雙耳洞亦以太陽圓形冠紋，是以十二旋紋代表十二地支，面具兩側以斗獸型態，裝飾面具。

　　龍山文化青玉面具背後，可證明商獸面紋，傳承於龍山文化而商獸面紋的眼睛即是鳥即是日，是商王的象徵。

　　商之臣字眼的由來：商，簡狄吞燕卵而生出商，是典故也是信仰，可以確信商是以鳥為先祖，祖祭歌《詩經‧商頌玄鳥》「天命玄鳥，降而生商」，說的故事是有娀氏女簡狄一日與妹，在河邊沐浴，見黑鳥飛來產一卵，簡狄拾而吞之。感應而懷胎生子契，「契」商始祖也。天命玄鳥，玄鳥何物，玄字商時文字甲骨文有二意，一玄為黑；二玄為午，交午也，所以玄鳥可能為黑鳥或午鳥，兩者至今各有學者解釋。商人是一崇日的民族，甲骨文記載中，商人對日虔誠，每天都有迎日、送日的祭拜儀式，而且商王都以日與天干為自己命名，如日甲、上甲、日乙顯然可見商王就是代表日，代表自己是太陽之子。

　　商王，太陽之子，與玄鳥生商，可見玄鳥就是太陽，所以玄鳥應是午鳥，交午，日正當中亦就是太陽鳥、日鳥或可說是金烏，太陽晨出夕沒，都是由金烏背負載著飛行，由東日出飛越天空至西而入地平線的金烏而不是黑鳥。玄鳥生商的傳說其實就是上古炎帝，日鳥彤魚傳說的翻版。炎帝時畫時，日鳥載日，夜時，彤魚背日，畫夜運行不已，至商則轉換成玄鳥載日，夜大龜背日，天地運行不已。炎帝，仰韶文化中鳥即為日，日以上昇飛鳥來代表。可見商時，商民族有炎帝系族的傳承。若沒有血緣傳承至少有文化的傳承，大汶口、河姆渡、仰韶、馬家窯、龍山文化文化傳承，石器、彩陶、黑陶文化、青銅器、鐵器，商初等同青銅器初期。

青銅器初期夏商之際。二里頭文化可說是青銅器之始。就文化上，二里頭傳承龍山文化，龍山文化接續齊家文化（仰韶、廟底溝、馬家窯、齊家文化一脈相傳），所以商文化可以說傳承了，炎帝系的鳥、日、月、北斗的魁魁圖騰。

　　青銅鼎是商最重要的禮器，鼎上的獸面紋是商文化中最主要的圖騰，獸面紋圖騰代表整個商文化。商文化最重要的是玄鳥生商與商祖日之子，所以商鼎獸面紋內涵至少有日與鳥，是鐵則。所以本人認為在商人如此迷信的朝代，商鼎獸面紋就是商祖圖騰、商王圖騰都包涵、融入在獸面紋中。早期青銅器獸面紋，尚可辨別，左、右二鳥朝中間形成以左右二鳥眼睛為獸面紋，演變至商末獸面紋已難以見到鳥的行跡，只剩臣字眼以及刀紋、雲紋組合而成的獸面紋。去蕪存菁商初至商末留下來，獸面紋上的符號，代表就商初的精華，用以簡單的符號代表複雜的圖騰，使獸面紋更為藝術。

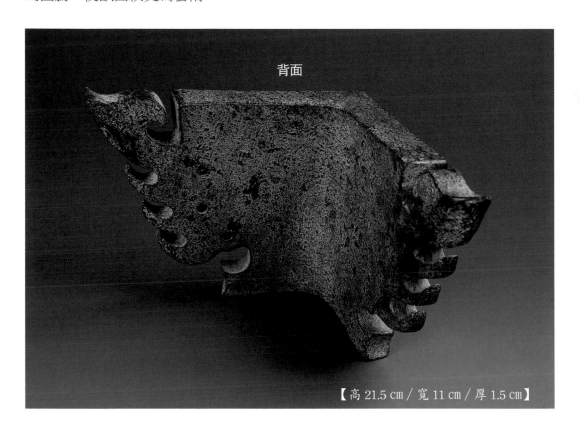

背面

【高 21.5 ㎝ / 寬 11 ㎝ / 厚 1.5 ㎝】

【湖南出土商代青銅鼎】

【高 38.5 cm／長 29.8 cm／長 23.7 cm】

仰韶文化人臉魚盆

湖南青銅鼎更用以人面，來代替獸面紋，以邏輯上，人面即是獸面紋，兩者都是商祖、商王，只是後人思想上，難以轉換兩者之間，稍微之差距。由幾件青銅獸面紋可知，獸面紋，鳥也，鳥代表日也，商王代表日也。去蕪存菁後，雙鳥紋只剩臣字眼，在鼎的正中間，所以臣字眼即為鳥（日鳥），代表日，代表商祖、商王。商朝無論玉器、青銅器、石雕上都有著臣字眼，刻雕著臣字眼就代表商祖們時時庇祐，保護子民。所以作者認為臣字眼，即為鳥，即為日，即為商王，即是玄鳥之後代。

銘文大禾（二字甲骨文），鼎四腳，四方如斗，即是代表北斗星魁，四方有四張人臉，人臉有 C 型耳，代表雙弦月，而人臉即是商王像，商王像代表的即是日，整個人面青銅鼎的文化內涵與仰韶文化人臉魚盆是一樣，人臉是飛鳥載日，代表日，雙魚即雙弦月，四方網紋即北斗星晷紋，二者內涵是相同，時代最重要禮器不同，表達方式不同而已，青銅鼎人臉即是商王，即代表日，彩陶盆人臉即是炎帝，即代表日，兩者完全相同。

龜背，雙陰線文，乍、H，即祭鳳之意，中間圖騰即是商字圖文。圖文上三角形中間圓圈，即是金烏戴日，中「十」即是太極交午，或是北斗七星，而下如祭台，代表是地是魚尾，與商字甲骨文同。腹面，是商圖騰，鴞鳥（貓頭鷹）。龜背商字，龜腹商鳥圖騰，二者共同為「祭鳳」的主神。

商文化周時期青玉龜殼背面
【高 6 cm／寬 5 cm／厚 1 cm】

商文化周時期青玉龜殼腹面
【高 6 cm／寬 5 cm／厚 1 cm】

【高 14.5 ㎝／寬 12 ㎝／厚 8 ㎝】

方鼎如斗獸，斗獸獸面紋，一面雙日代表雙圓，雙線凸尖紋，代表鳥嘴，以鳥代表獸面。一面雙眼即是雙鳥紋，鼻子即為甲骨文土字，即十二地支，獸面紋額頂即雙弦月。亦是以鳥為獸面，但二面獸面紋，面一（左圖）代表陽，面二（右圖）代表陰，有陰陽合體，日、月、星天體循環不已。

商青銅鉞。銅鉞兩眼如鳥如日，雙耳 C 型是雙弦月，臉為斗形，嘴如斗，牙為七代表北斗七星。

【高 14 ㎝／寬 11 ㎝／厚 8 ㎝】

面一（左圖），向上雲紋即是上昇的飛鳥，代表日，平行線中間尖突亦是陽紋。眼睛以北斗代表雙眼）嘴以甲骨文土字代表十二地支，代表月。另一面（右圖），平行紋尖端向上，表示陽代表日，平行紋向下切口，表示陰表示月，而中間眼睛獸面紋的臣字眼，有著與上圖龍山文化的眼睛上鳥嘴與鳥尾，鼎，本身即為斗獸，商鼎為祭祖祭天的禮器。祭祖，諸天干命名的先祖，祭天、日、月、星、北斗。

【商前文化青玉 Ｈ甲骨文】

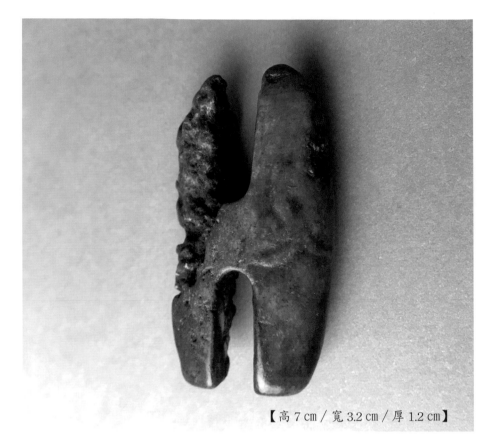

【高 7 ㎝／寬 3.2 ㎝／厚 1.2 ㎝】

甲骨文Ｈ，立體玉雕。是最早文字玉雕代表是鳳字，是鳳鳥之態。Ｈ型玉雕上有淺深雕，大飛鳥日紋，與下圖飛鳥玉雕，都是Ｈ，鳥、大、馬家窯文化飛鳥的傳承。

【商前文化青玉飛鳥負日】

【高 6.4 ㎝／寬 4.8 ㎝／厚 0.5 ㎝】

飛鳥玉雕，有雙陰線文Ｈ，Ｈ是最早甲骨文，鳳字。鳥玉雕，雕以飛行之姿與紅山文化鴞鳥、商文化鴞鳥、龍山文化玉鳥都不同，只能參考彩陶文化，仰韶彩陶中的飛鳥才有相似之處，但文字卻是最早的甲骨文（此類玉雕幾百件，都是早期甲骨文），所以只定位商前文化。

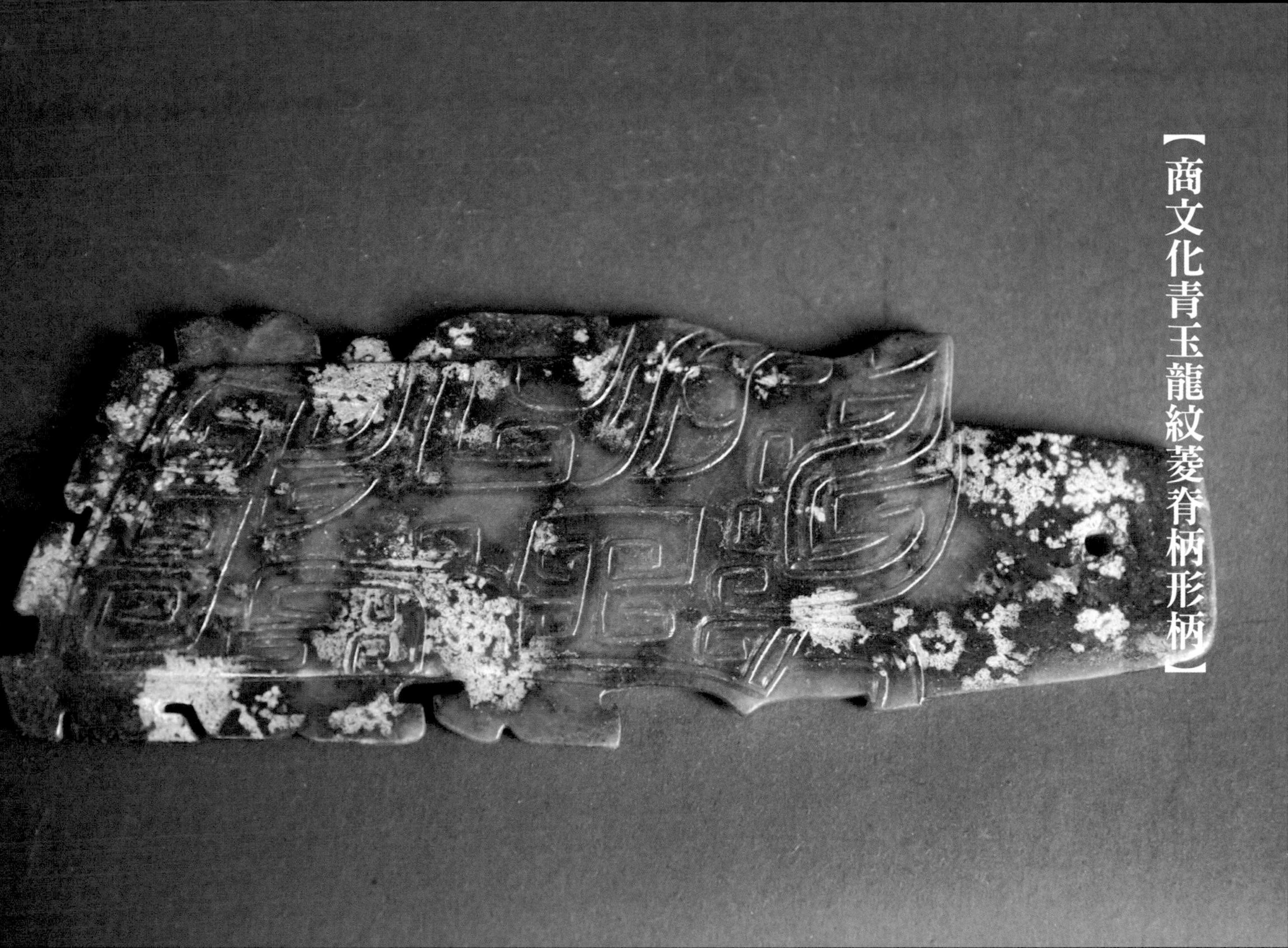

【商文化青玉龍紋菱脊柄形柄】

【周時青銅鑲鉗白玉秦印】

【底座：14.5*14 ㎝／龍：17*6.7 ㎝】

　　秦印，青銅龍印鈕：鑲鉗白玉印文。有銅綠部份為青銅，黑色部份為白玉水銀沁。秦印金文，秦國族徽上為个與干的結合，字即是天干之意，个為上昇飛鳥即是太陽鳥，代表是日，日干即是十天干，以日為曆法；中間是鳥（臣字眼）與蛙形人字紋，可解釋昊或斗獸；下為土與弦月的組合，即為地支，太陰曆法，所以秦國族徽不可免俗地也把日、月、北斗結合或族徽的仰韶文化，保留下來。

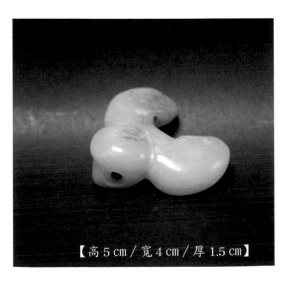

【高 5 cm／寬 5 cm／厚 2.5 cm】

辛店文化彩陶盆飛鳥圖

馬家窯文化飛鳥，還是延續仰韶文化、廟底溝文化，鳥與魚的結合，學者多認為鳥圖騰被魚圖騰取代鳥變成魚。一直延續至辛店文化（商末周初）時，尚保留鳥首魚尾的圖騰。仰韶文化，鳥魚網紋代表著日、月、北斗星辰，飛鳥魚尾，代表日月隱喻，日月交換陰陽合和，宇宙循環定律。

【高 6 cm／寬 2.5 cm／厚 1.2 cm】

人首青玉鑿，是實用器有使用過痕跡，馬家窯彩陶飛鳥圖都以此簡單圖代表，仰韶文化複雜飛鳥圖，眼雕以雙日，嘴雕以弦月，斧即代表北斗，此這些內涵就是馬家窯文化內涵。

【高 5 cm／寬 4 cm／厚 1.5 cm】

簡單的飛鳥玉雕，代表上古馬家窯文化的審美文化，玉珮以穿孔的鳥眼作為穿戴孔。簡單的凹痕雕出鳥嘴形，雙翼向後表達出鳥正飛行的狀況，誠實為玉雕的傑作。

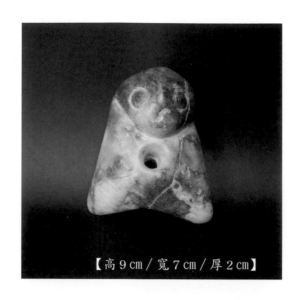

【馬家窯文化飛鳥岫岩玉雕】

【高9cm／寬7cm／厚2cm】

飛鳥玉雕，正面鳥首與鳥展翼狀，其實就是鳥首魚尾，代表日（太陽鳥首）弦月（魚尾弦狀）。

【馬家窯文化（早期）人首黎或人首魚尾青玉雕】

【高14.5cm／寬10cm／厚2cm】

人首黎，應是挖掘器，是實用器，有使用過的痕跡，人首黎上古黎為挖掘器，都是這樣形狀，但此玉雕黎比石黎小太多，應是採集用，而非農耕用黎，此玉雕黎亦可能代表人首（太陽，炎帝像）黎，如魚尾代表月亮（雙眼如日嘴如弦月）。

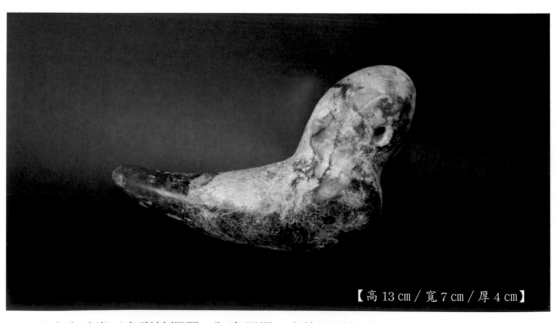

【馬家窯文化岫岩玉鳥形器】

【高13cm／寬7cm／厚4cm】

馬家窯岫岩玉鳥形挖掘器，為實用器，有使用過的痕跡。

　　辛店彩陶文化，繼承仰韶、廟底溝、馬家窯等彩陶文化的內涵與圖騰，辛店文化最能保留上古時期器具圖騰，藉由辛店文化對照馬家窯文化，更能印證這些鳥形挖掘器，就是當時人民處處可見的飛鳥、水鳥，應該是生活最為接近的食物來源。

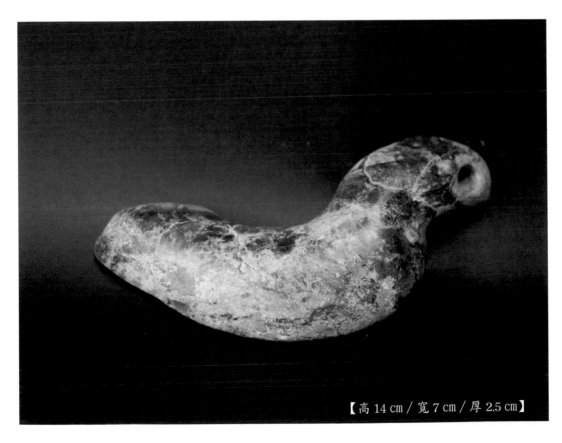

【高 14 cm／寬 7 cm／厚 2.5 cm】

　　鳥形挖掘器，是實用器，有使用過的痕跡，挖掘器尖端因使用而有斷裂的舊痕。

【馬家窯文化鳥形青玉挖掘器】

【高 16.5 cm／寬 3.5 cm／厚 0.8 cm】

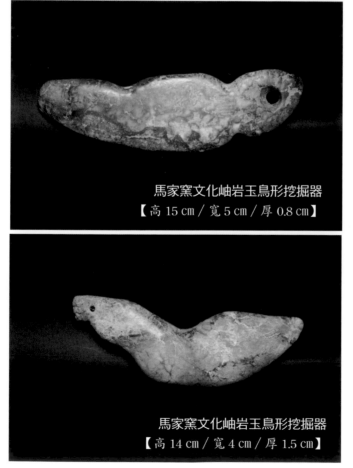

馬家窯文化岫岩玉鳥形挖掘器
【高 15 cm／寬 5 cm／厚 0.8 cm】

馬家窯文化岫岩玉鳥形挖掘器
【高 14 cm／寬 4 cm／厚 1.5 cm】

　　青玉挖掘器，鳥尾挖掘器尖端因有使用過而形成白化的現象，已磨損的現象。

　　下面二件鳥形挖掘器都是實用器，尖端都有使用過後的缺損。馬家窯文化，有著眾多的挖掘器，在不知馬家窯當時，歷史地理文化之前，就由這些使用過眾多的小型挖掘器，就可知馬家窯文化時，當時人民過著採掘狩獵的生活，而非以農耕為主的生活。

夏朝以前的陶器簡單古樸,但保有超高和諧美感,就如馬家窯文化的古玉,
簡單外型和諧自然,這就是上古人民的生活所創造的自然美。

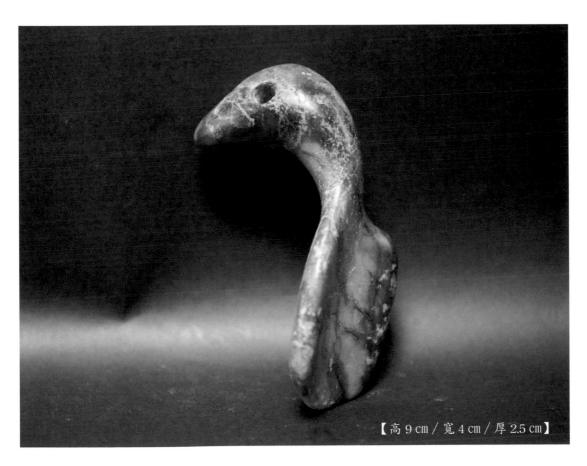

【高 9 ㎝／寬 4 ㎝／厚 2.5 ㎝】

半圓形挖形,有著優雅曲線的鳥首為柄,與其他尖形挖掘器,此一匙狀半圓形挖
掘器,更顯珍貴,而匙狀形成飛行狀態的鳥翼,使得這一鳥形挖掘器更為優雅(此為
實用器,有使用過痕跡)。

【馬家窯文化岫岩玉鳥形器】

【高 10 ㎝／寬 7.5 ㎝／厚 2 ㎝】

有如湖中悠游的水鳥。各種簡易型態，又能描述鳥類的活動狀態，可見馬家窯人民對鳥類的瞭解。

【辛店文化白玉啄木鳥挖掘器】

白玉啄木鳥挖掘器尖端有使用過的痕跡，辛店文化繼承著馬家窯文化的圖騰，可能是工具比馬家窯文化時更為進步，所以啄木鳥玉雕，由抽象變為寫實，藉由辛店文化的啄木鳥來比較出馬家窯文化抽象的玉雕，鳥類就是啄木鳥，就是燧鳥，炎帝族的圖騰。

【高 13 ㎝／寬 6.5 ㎝／厚 1.2 ㎝】

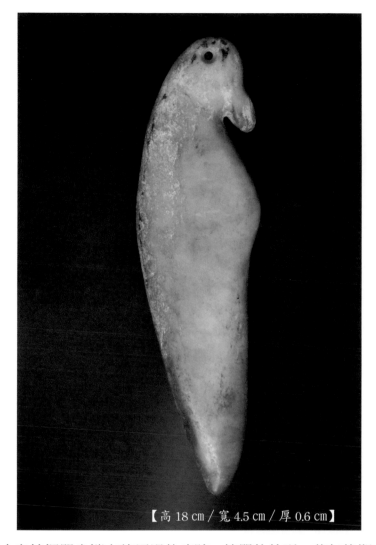

【高 18 ㎝ ／ 寬 4.5 ㎝ ／ 厚 0.6 ㎝】

白玉啄木鳥挖掘器尖端有使用過的痕跡，簡單的外型，若無後期辛店文化啄木鳥玉雕的比較，真難認為此玉雕是啄木鳥。

下面二件馬家窯文化啄木鳥挖掘器，抽象簡單線條，都必須比較辛店文化的啄木鳥玉雕，才能更加確定二件玉雕都是啄木鳥。

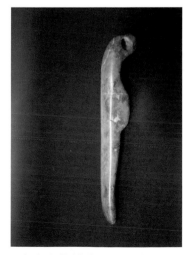

馬家窯文化岫岩玉啄木鳥挖掘器
【高 12 ㎝ ／ 寬 1.5 ㎝ ／ 厚 1.3 ㎝】

馬家窯文化白玉啄木鳥挖掘器
【高 10 ㎝ ／ 寬 1.5 ㎝ ／ 厚 1 ㎝】

【馬家窯文化白玉啄木鳥挖掘器】

簡單啄木鳥線條，有著啄木鳥冠羽。乾淨漂亮的玉質，就可以認定為中國西北地區的玉質，雖經三千多年的氧化，還能保有如此漂亮的玉質，除玉質好以外，環境乾燥也是很重要因素。

【高 18 ㎝／寬 4.5 ㎝／厚 0.6 ㎝】

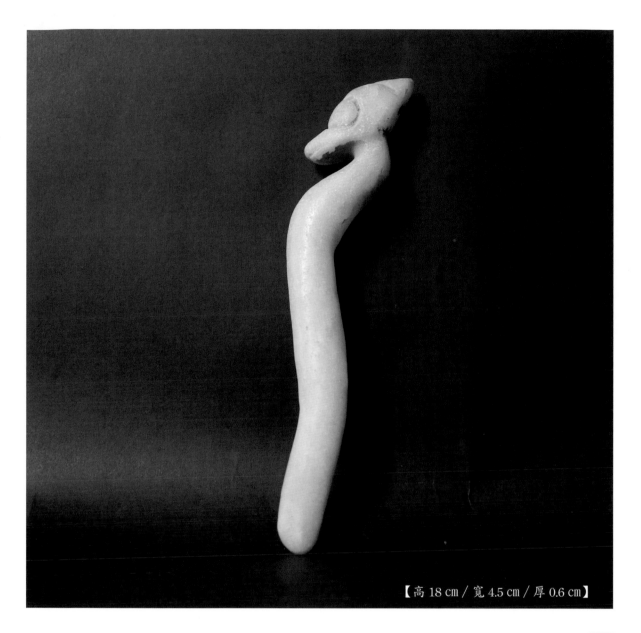

【高 18 ㎝ / 寬 4.5 ㎝ / 厚 0.6 ㎝】

【馬家窯文化白玉啄木鳥挖掘器】

此件挖掘器，在當時玉雕已屬大件（長條形），適合做挖掘用途，也有使用過的痕跡，最重要在馬家窯文化玉雕中，只有此件鳥首是足以斷定是啄木鳥的玉件了。

【商周時紅山文化青玉鴞】

　　青玉鴞是紅山文化常見的形態，背面有三字為日、月、斗的龍字組合，左上龍的左偏旁，左下為日為臣字眼，右為夕為月，三字組合即為龍字，即是天穹下最重要的三星日、月、斗。

【高 19 ㎝／寬 12.5 ㎝／厚 4 ㎝】

【高 28 cm／寬 15.5 cm／厚 1.5 cm】

　　這件人首面具，中間厚四周薄，結構如紅山的勾雲器，穿孔的方法也是紅山玉器的程鑽、斜鑽雙面對穿的方式，可作為砍伐器具使用。面具，圓臉如日，雙眼如魚形，代表雙月。雙耳部分是紅山玉雕勾雲器的特色。整件玉雕亦有如太陽龜，耳如龜的四足，中間是太陽。耳的部分亦有可能是代表太陽鳥，如下圖鳥形勾雲玉雕。

【高 6 cm／寬 3.2 cm／厚 0.1 cm】

　　勾雲器整體看似鳥首，鳥眼以捲雲中間為代表，鳥喙、鳥冠就把鳥身簡略。

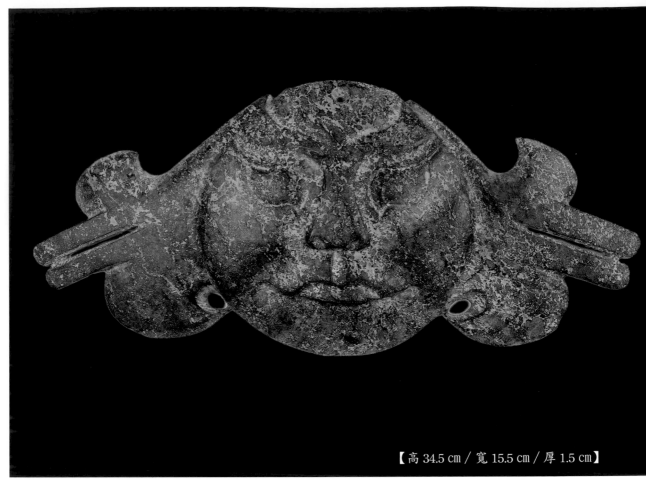

【高 34.5 cm／寬 15.5 cm／厚 1.5 cm】

【商時紅山文化青玉人面】

以下二件紅山玉器比較或許有可瞭解紅山百姓的想法。

紅山文化在遼西、燕山地區，為阿爾泰語系（蒙滿通古斯），胡人、鮮卑、契丹、女真、滿、蒙古都是阿爾泰語系。此件紅山青玉人面與黨頂蒙古人相似度百分百。人面中間圓臉似日，濃眉向上，頭頂剃髮，兩鬢辮髮的髮髮樣式，是否四千多年前紅山地區阿爾泰語系祖先像。

【高 27.5 cm / 寬 13.5 cm / 厚 1.5 cm】

此一類青玉人面首、應該就是消失的武器「我」，人面首玉雕片，中間厚實二邊極薄，可以切割軟組織類，在當時應該可如黑曜石，切割許多動物。大件玉片，作為砍伐使用上，比起小件黑曜石，威嚇力上就不可比擬的。「我」原意即是戈類有脊的利害武器，因戰勝持「我」喔喔的呼喊，所以「我」自己比擬為「我」，自稱為「我」。

【高 27 cm / 寬 14 cm / 厚 2 cm】

人首青玉斧，斧柄為人首，人首有冠羽，頭髮以三足鳥翼的方式做組合。斧背有一雙弦月組合的鏤空洞。斧上有四字，日、夕、乍、從八從口，即是后土。（王大有解為后土，勾龍、句龍都是一樣為共工之子）后土是共工之子，是炎帝系投靠黃帝的一族，黃帝涿鹿之戰勝利之後，句龍被賜為土地之神，后土。所以此人首青玉斧，是最早的土地公神像。

【商周鳥翼弦月青玉尖首圭】

　　有三足翼代表三足鳥，代表日，三足鳥翼，旁是雙弦月的孔洞，代表月。四字亦是日、月、乍、后土，此青玉圭為祭祀后土用禮器。

【高 30 ㎝ ／ 寬 15 ㎝ ／ 厚 1.5 ㎝】

【商時人首青玉尖首圭】

　　青玉圭，人首以弦月為羽冠，以三足翼（鳥翼）為頭髮，圭有三字，一為昊，二為從干從凵（斗），三太陽鳥首，無論外型的內涵代表是日月，字亦是日夜，所以此件人首青玉圭是祭天地的禮器（圭即六合天地四方為六合是祭祀天地的禮器）。

【高 30.5 ㎝ ／ 寬 16 ㎝ ／ 厚 2 ㎝】

【高 25 cm／寬 15.5 cm／厚 2.2 cm】

　　青玉圭，人首以弦月為羽冠，以三足翼為頭髮。有三字，一從八從工是，共工也；一從干從夕，即代表日月；一為臣字眼，但並非是字；而是圖像，字是壓地隱起是常見商字雕刻法，所以不是臣字眼的臣字，而是太陽鳥鳥首，代表太陽，如斗首中的鳥首。

【高 27.5 cm／寬 13 cm／厚 2 cm】

　　鴞鳥是商朝圖騰鳥，鴞鳥下為三足鳥翼紋，下為雙半弦月紋，三足鳥翼、雙半弦月是炎帝系，從仰韶、廟底溝、馬家窯文化，代表日、月的圖騰組合，一直延續至商圖騰結合，有著延續性的祖先崇拜，鴞為夜鳥，亦可說是月鳳，是代表十二地支。

69

【商周青玉弧形尖首圭】

【高 34 cm／寬 13.5 cm／厚 1.5 cm】

　　尖首圭，淺浮雕四字，一字從八從工，是共工圖騰，或從△從 都有可能的解釋，另三字，鳳、吉、夕共四字。

【商周青玉人首斧】

【高 29 cm／寬 13 cm／厚 1.7 cm】

　　人首有著啄木鳥羽冠，手以三足鳥翼與雙弦月來代表，斧有三字，夕、乍、從八從口（后土），是為祭祀炎帝系鳥魚圖騰的句龍族。

龍首斧，紅山Ｃ型龍首，但龍的馬鬃形的
燧鳥冠羽，由魚的背鰭取代，代表的是顓頊帝
圖騰。斧柄可由龍背二孔固定，而中間有菱脊
的三穿孔，是縮短的三足鳥的太陽鳥紋。斧背
有五道橫紋是象徵天干的日晷圭紋，斧上壓地
隱起四字，日、月、用、乍，用、乍都是祭祀
用詞，對象是日月，此紅山文化青玉龍首斧只
是祭祀禮器，非實用物。

【高 41 ㎝ ／ 寬 15 ㎝ ／ 厚 2 ㎝】

鳥首斧的鳥首ㄩ形頸，代表就是斗獸的鳥
型首，以斧身代替斗獸的身軀，鳥首與斧的接
連處，是三足鳥翼，太陽鳥的符號，斧上壓地
隱起三字，吉、夕、吉，是祭祀對象與祭祀詞。

【高 31.5 ㎝ ／ 寬 11 ㎝ ／ 厚 2 ㎝】

【商周時青玉鳥柄尖首斧】

鳥柄，鳥戴高帽如覆斗，鳥腳就是雙弦月，代表月，是十二地支的隱喻，柄首有三足鳥翼，太陽鳥符號代表日鳥，代表日，是十天干的隱喻，刀面壓地隱起三字，日、夕、吉，祭祀日、月用之禮器。

【高 37 cm／寬 16.5 cm／厚 2 cm】

【高 6 ㎝／寬 6 ㎝／厚 0.5 ㎝】

青玉系璧上有淺浮雕甲骨文三字，火、鳳、神，所以此件青玉系璧亦是代表著炎帝神址。

【高 3.2 cm／寬 1.6 cm／厚 1.6 cm】

【春秋戰國白玉瓏子】

　　瓏正中淺浮雕山字，山字即是甲骨文火字，甲骨文山字另有其他字形，才是山字甲骨文，雙眼以雙日代表，額中陰刻工即共工，而工旁陰刻即是矩，規矩的矩字，所以子是代表著炎帝系族裔共工氏。

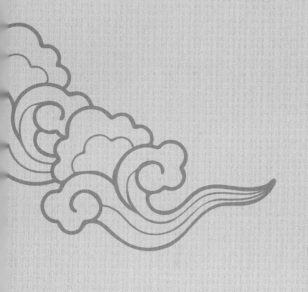

【貳】

魁・北斗

【高 41 ㎝／寬 17 ㎝／厚 1.5 ㎝】

【商時紅山文化青玉版】

　　鳥首人體裸身，屈手以鳥翅為雙手，屈腳坐斗獸狀（馬家窯彩陶人蛙斗獸的側面圖），與商朝大洋洲新干文化的鳥嘴鳥冠人的型態是一模一樣。⼸，甲骨文斗字。刻有二甲骨文，一從⼸（斗）從十（七），一從乙，捲尾的乙字，直接譯成斗獸，斗獸字甲骨文與曾侯乙墓漆箱蓋中間的斗字是一樣的，漆箱中斗而周因有二十八星宿的星宿名，鳥首為日，鳥翼為雙弦月。日、月、北斗是玉版的密碼。

戰國曾侯乙墓漆箱星象圖（湖北隨縣出土），蓋面圖東龍、西虎，中間為斗字加十（甲骨文「七」字）加土字（土字還不知何意），外圍一圈二十八星宿。東立面大火星宿二圖，西立面觜參宿，北立面右鳥形，鳥首斗獸，左 𤙸 為 𠂤、𠂤 、非 為北字背字。

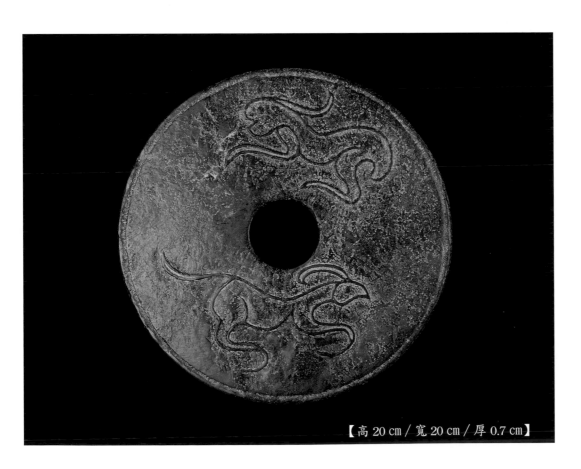

【高 20 cm／寬 20 cm／厚 0.7 cm】

日獸，鳥首斗獸身，月獸，魚首斗獸身，日獸、月獸互相追逐，日、月循環，陽陰循環，太極之道。

【戰國白玉北斗獸】

如新干文化的北斗獸，新干文化斗獸背圖中，臀部有二排六個半月形，是代表十二地支的半月紋。所以鳥冠，即為太陽鳥，即為天干，而臀部為半月為十二地支，中間為斗獸，此玉雕密碼亦為日、月、北斗。

【高 4.5 cm／寬 3.5 cm／厚 2 cm】

【商新干文化大洋洲出土斗獸玉雕及背圖】

背　　正

鳥嘴頭戴鳥冠，雙掌屈舉向上，雙腿屈彎蹲坐，手腳有如北字的半邊，雙手雙腳就如北字，頭亦如紅山文化玉版鳥首，所以新干文化的玉雕，亦為當時的北斗獸。

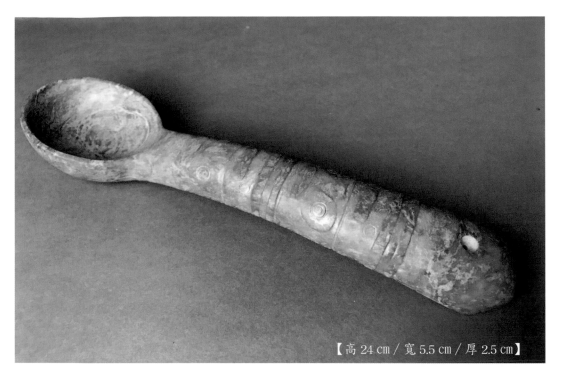

【高 24 ㎝／寬 5.5 ㎝／厚 2.5 ㎝】

　　圓形斗杓，斗柄上有四組良渚眼紋圖，代表是斗魁上的四星，而斗柄上的圖字即為不同族群的圖騰，所以此玉斗杓，當然是良渚文化中的祭北斗禮器。（良渚眼紋有眼暈代表日紋，無眼暈代表月紋）

【高 23 ㎝／寬 7 ㎝／厚 2 ㎝】

　　玉匙一玉杓一玉斗也，匙，斗形代表北斗，龍首匙尾，龍角如北字，匙柄，四脊四鱗紋，都是代表北斗，四星「魁」杓。

【戰國青玉斗】

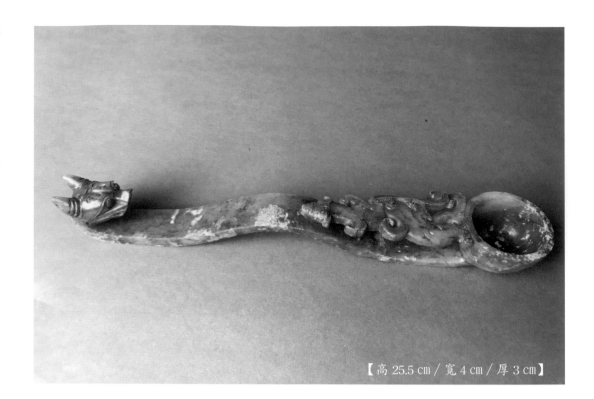

【高 25.5 cm／寬 4 cm／厚 3 cm】

　　青玉斗，圓形斗杓，杓首為虎首，斗柄浮雕青龍紋，斗柄指白虎首，與戰國曾侯乙墓圖亦是斗柄指西宮白虎。青龍、白虎、北斗為古時三辰序，作為古代最重要授時三辰。

　　《三皇五帝時代》（下）P.456，王大有著。帝嚳時仍以青龍星（大火心宿二）和白虎星（參宿），為春秋兩半年標誌，閼伯與商丘，觀察大火星，這顆星又稱商星！至商代商民所祀，實沈在大夏觀測參星（太白金星），唐堯時仍祀商星金星，其裔服事于夏商，參星－太白金星－白虎星－觜宿（觜觿）－實沈。

　　《周易‧天文‧考古》P.243，陸思賢著。《史記‧天官》說「參為白虎，三星直者為衡石，下有三星兌曰罰，為斬艾事，其外四星左右肩股也，小三星隅置，曰觜觿，為虎首，主葆旅事」。「 主葆旅事」指西宮白虎保護太陽神，從赤道外進入赤道內，繼續宇宙天穹之旅，稱為「履虎尾」。履虎尾：意太陽神根據老虎尾巴所指示方向，步入夏半年。

曾侯乙墓漆箱西宮白虎圖騰，往往西宮白虎以參宿。

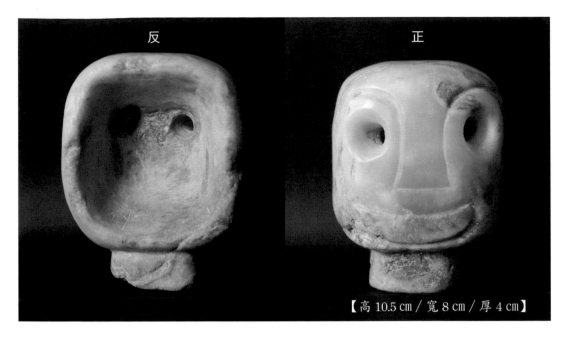

反 　 正

【高 10.5 cm／寬 8 cm／厚 4 cm】

　　人首背面，挖空如杓狀，頸部如杓斗，與下圖龍山文化北斗神徽相同（馬家窯文化，傳至中原龍山文化，再傳齊家文化，再傳商周辛店文化），此斗杓比龍山文化更早。

　　人首正面，雙眼挖空如鬼（死去的骷髏），是炎帝鬼姓之意，雙眼左右圓形，如太陽，鼻子如天穹，亦指太陽由湯谷運至禺谷而日落，嘴形亦是以上弦月代表，馬家窯文化時期即以日、月、北斗是為天體運行的重要依據，所以此白玉人首，是當炎帝隗魁氏祭祀的禮器。

　　斗魁，方形臉，中有四圓形，而斗柄似人頸部，而方形臉上戴有龍山文化的神徽，其實此神徽即為太陽鳥，上昇的飛鳥的簡圖，亦即太陽神。

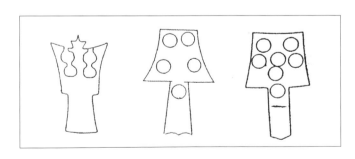

各神山東龍山文化北斗神徽的簡圖。而中間圓圈都是代表北斗辰星。

81

【馬家窯文化青玉杓】

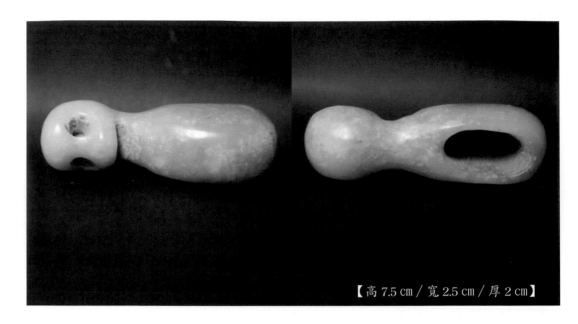

【高 7.5 cm／寬 2.5 cm／厚 2 cm】

　　青玉杓另面，雕有挖洞之橢圓形斗狀，此小玉件再次證實是馬家窯文化對於魁的解釋，鬼加北斗是為炎帝圖騰。

【齊家文化青玉人首玉雕】

【高 4.6 cm／寬 3.5 cm／厚 2.7 cm】

　　齊家文化人首玉雕特徵頭頂挖孔如盤可稱天盤或斗，雙眼內挖如鬼骷髏雙眼，有日暈，代表雙日，而耳形都以日暈紋左右各五如圭日暈紋而嘴以挖空半月狀，無日暈，象徵月亮，良渚文化，有日暈代表日，沒日暈帶標月，而眼鼻耳口都挖洞是為七孔北斗七星或骷髏，此玉雕亦含日月北斗，是當時祭祀之禮器。

【齊家文化青玉人首玉雕】

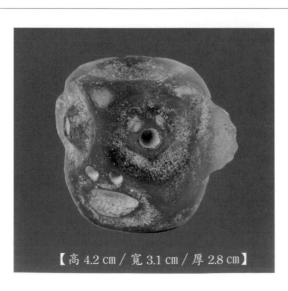

【高 4.2 cm／寬 3.1 cm／厚 2.8 cm】

　　與上頁的作品尺寸不同，馬家窯文化、中原龍山文化、齊家文化一脈相承，不僅是考古上，實品上都可以証明文化內涵是一脈相傳，尤其是馬家窯文化與齊家文化都可證明，兩者都是炎帝系隗魁氏的傳人。

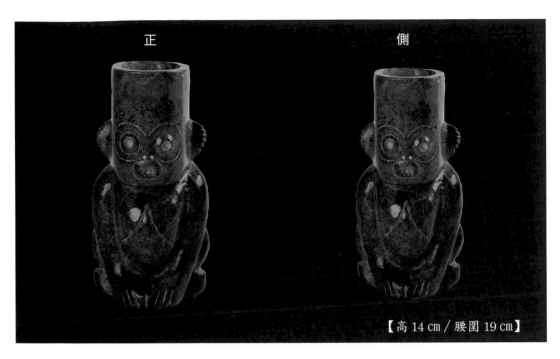

正　側

【高 14 cm／腰圍 19 cm】

　　青玉猴雕，紅化，一如齊家文化，人首頂挖空如斗，耳如日晷紋，眼如日，嘴如月，七孔挖洞如北斗七星，此青玉猴應是炎帝族裔祭祀之禮器。齊家文化青玉猴側面看公猴背脊有鬃毛。

【高 17 cm／寬 11 cm／厚 10 cm】

　　玉酒尊兩面人面紋，兩面獸面紋。雙眼是雙日紋，鼻子是雙半月，獸面紋如日晷獸面，而酒尊本身即為斗，即為魁，玉酒尊本為祭祀之用，而酒尊上的圖紋，即是祭祀的對象，商獸面紋都是斗獸在商鼎最重要的神位，都是雕以斗獸，所以商以斗獸為最高的神位階。

83

【齊家文化商時期青玉巫覡斗獸】

【高 12 cm／寬 6 cm／厚 5 cm】

　　戴帽，巫覡仿斗獸伏蹲狀，巫覡帽雕有菱形紋，是為北斗曷紋，齊家文化中眼、嘴、頭頂，菱象徵日、月、斗的符號，都存在此巫覡斗獸中。

【商時齊家文化青玉紅化斗獸】

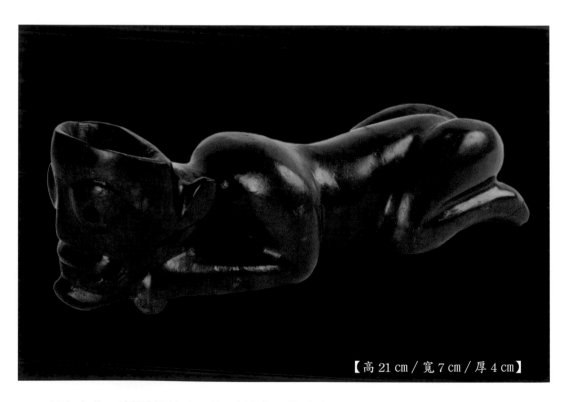

【高 21 cm／寬 7 cm／厚 4 cm】

　　齊家文化，頭頂部挖空，眼睛挖空，為人物玉雕的特點，頭頂挖空為魁，雙眼挖空為鬼，此玉雕亦是隗魁氏的巫師施行巫術作北斗狀。

【高 21 cm／寬 7 cm／厚 4 cm】

青玉鼎如甲骨文鼎字，鼎即是北斗獸，雙耳有 ⿰ 紋是古华字，華字是日表之意，是日晷圭度。《三皇五帝時代》（上）P.193，王大有著。並不是花朵之類。左有三圭度右三圭度，即三陰三陽，古代六合曆。雙日為雙北斗，鼻以萑鳥圖騰，是象徵日鳥，嘴以太陽軌道，天上、地下之路徑圖中的地下軌道，左右雙小圓即為太陽，是為鼎斗獸的陰面，另面有鼎斗獸陽面。

甲骨文鼎字，從凹從北，即為北斗之意，凹為斗，斗杓，魁演變成斗獸首。北，形似彩陶蛙紋四腳，演變成斗獸的四腳，故鼎字即為北斗獸，所以鼎上獸面紋，即為北斗獸的五官，眉、眼、鼻、嘴、耳各有象徵意義的組合。

85

【商周時商文化青玉雙耳四腳蝙蝠面鼎】

【高 17 cm／寬 13 cm／厚 9 cm】

　　蝙蝠雙眼如日，陽紋凸起是商時玉雕的特徵，正面紋飾蝙蝠紋有上昇飛鳥紋，反面紋飾蝙蝠紋有雙弦月紋，是以正面表示陽獸，反面表示陰獸，正反同雕以一獸，表示陰陽合體萬物生。

【商周時商文化青玉雙耳四腳蝙蝠面鼎】

【高 17 cm／寬 13 cm／厚 9 cm】

　　蝙蝠的輪廓外形，即是太陽運行的軌道，蝙蝠頭即是天以為太陽運行日，中天的最高點，而相對蝙蝠尾部內凹，即是太陽運行歸墟，夜晚休息之地方。

正

反

【商周時商文化青玉雙耳四腳獸面鼎】

正面，獸面，眉以上昇飛鳥，表示正面獸面紋為陽獸，太陽獸面。

反面獸面紋，眉以魚尾表示，反面獸面紋為陰獸，月亮獸面。

一正一反一陽一陰，如陰陽合體，交合而孕育萬物，而鼎中象徵可容萬物之斗，雙耳四腳，正反陰陽交合獸用以祭祀，北斗七星之斗獸是為商文化的主軸。

【青玉無耳四腳方鼎】

正

反

【高 14.5 cm／寬 12 cm／厚 8 cm】

正面獸面紋飭，以大雙圓代表雙眼，代表雙日，代表陽面。

　　另面反面，雙眼以魚紋，代表弦月，代表陰面。此無耳鼎，亦是陰陽合和的日、月斗獸。

陽

陰

【商周青玉琬圭】

　　琬圭陽面，七條，壓地隱起平行線，代表北斗七星，中間二橫紋，陽面有中間凸起，陰面只有二平行橫紋。

　　陰面甲骨文，飛與斗獸組成一字，下口字即為斗魁，所以此玉琬圭是祭祀北斗七星用圭。

【高 24.5 cm／寬 11 cm／厚 1.5 cm】

【青玉璧】

青玉璧有陽紋，減地凸起一斗鳥（金文、圖騰文字）＝告斗獸（甲骨文）。斗鳳有著細長的羽冠，甲骨文的斗獸有著龍字的右偏旁，而龍字即是日、月、斗的組合（立字即上昇的飛鳥），此青玉璧是祭北斗用璧。

【高 20.8 ㎝／寬 20.8 ㎝／厚 0.5 ㎝】

青玉璧分四等分，雙魚代表雙弦月，相對著為日鳳，日鳥有厚實身體與羽冠，啄木鳥的冠羽，右左四字告乙，乙字有捲尾代表是斗獸，所告乙，即告斗，祭北斗之意，另二字文乍，也是祭祀之意。

【高 20.3 cm／寬 20.3 cm／厚 0.5 cm】

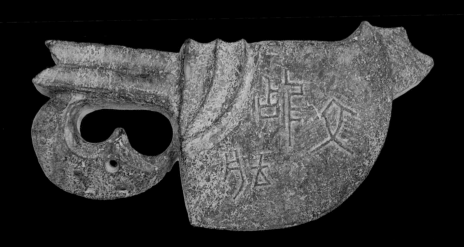

鉞外形如龜殼有代表北斗的內涵。刀柄與鉞中間有飛鳥翼，代表日鳥，鉞柄護手，即以雙弦月，所以此鉞即隱含日、月、斗，天地運行易經之術，三字占斗、文、立月，立與 H 應是立與月才對，是龍字左偏旁，代表是日與月，立與 H 同樣代表是上昇的飛鳥，亦即是日鳥，即是日，占與告是一樣，祭祀詞。斗是龍字右偏旁。夊是西宮白虎星座的觜參星，夊代表白虎星座，夊亦有可是文告之文，所以此鉞亦是代表日、月、斗的神器，用來祭祀天地的大鉞。

【高 31 cm／寬 13 cm／厚 2 cm】

【商周時青玉人首刀】

【高 21 cm／寬 7 cm／厚 4 cm】

刀狀如半月，人首以鳥翼為其手。刀身有三字吉、月、斗，斗字甲骨文從凵，斗魁；十甲骨文，「七」。 屮或凵或甲或孑都是北斗七星。吉字王大有書中，都認為它是后土的圖騰，后土，從后從土。后字從孑從口，孑即斗字，口即土地四方，或北斗七星的魁四星形狀，如斗盆，所以后土即為北斗與土，吉即土與口，按照帝王命名，口絕對是北斗、斗魁之意，因后土是共工之子，是炎帝隗魁氏之一員。

【商末周初鳥形文青玉璧】

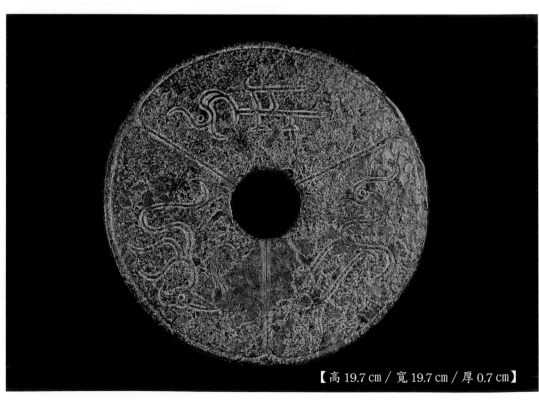

【高 19.7 cm／寬 19.7 cm／厚 0.7 cm】

青玉璧分三等分，各有一鳥形文，用、斗、易，用為祭祀用詞，而斗，鳥羽冠為細長，而易字，鳥羽冠為厚短，應是啄木鳥羽冠，此用意即有陰、陽合和，循環太極之意。

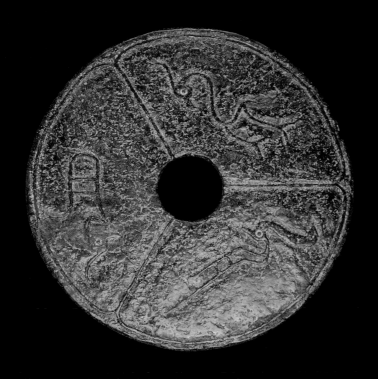

青玉璧分三等分，各有一鳥形文。為月、H與斗三字，即日、月、星代表三辰曆，代表天穹內的所有星體，日鳳鳥羽冠為寬厚，月斗鳳鳥羽冠為細長，此青玉大璧為祭天穹，祭天之用的青玉大璧禮天之用。

【高 20.5 cm／寬 20.5 cm／厚 0.8 cm】

減地凸陽紋，四圖文，上為太陽鳥，下為斗獸（龍字的右偏旁），右字屮為祭祀之意，左字M為連山之意，M下的文即為易經之易，寫成斗與鳥的結合，所以左字為連山易之意，易經，夏稱連山，商稱龜藏，周稱周易。

【高 23.7 cm／寬 23.7 cm／厚 0.5 cm】

【商末周初鳥形文璧】

四圖鳥形文，其，祭祀，禮也，H月，斗，鳥。青璧禮天，黃琮禮地，禮天穹，日、月、星辰。

【高 25 cm／寬 25 cm／厚 0.5 cm】

【商周青玉斗獸】

青玉斗獸，鳥首，蛇身（龍身），有鳥翼。身有壓地凸起三字甲骨文，祭、斗、神，故此件青玉雕應是上件紅山玉雕版的延伸。

【高 22 cm／寬 15 cm／厚 4 cm】

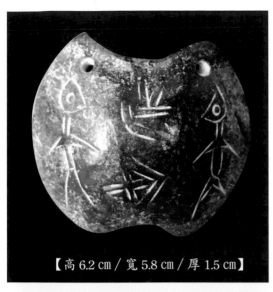

玉龜殼刻二獨眼人，與乇斗二字，獨眼人獨眼（代表是日），炎帝族。與上昇飛鳥，與魚尾結合的圖騰（從彩陶文化一脈相傳文化內涵）。

【高 6.2 ㎝ / 寬 5.8 ㎝ / 厚 1.5 ㎝】

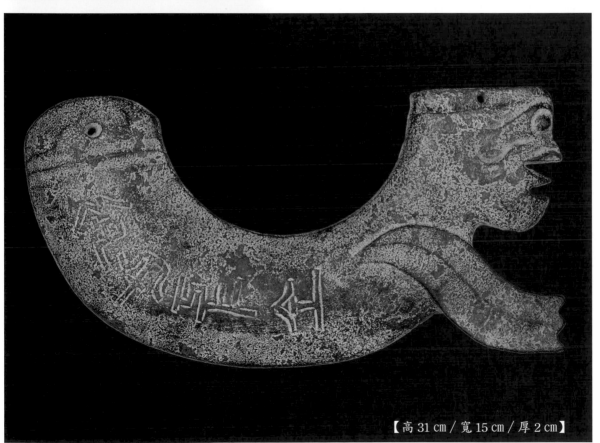

【高 31 ㎝ / 寬 15 ㎝ / 厚 2 ㎝】

二件玉都有斗字，十與＞結合是斗，十與∏結合亦是斗。

人首下有飛鳥翼，代表炎帝上昇的飛鳥，人首即日，是鳥、日、人首（炎帝首）互相轉換，以壓地隱起凸陽紋，四字，連山夕、斗、斗獸、仝人工（代表共工族或星辰）與其說璜，不如說月或夕，是商時十二地支，是商時的量天尺，祭月、斗神之用。

【商周青玉（人首）斗刀】

　　青玉斗刀與上件人首璜，所要表達的是一樣的內涵，人首，但有商時特別蘑菇頭的龍角，人首下有鳥翼（亦是飛鳥日之意）（蘑菇頭即是离珠，即代表太陽），壓地隱起凸陽紋，字意亦是相同，連山夕斗，上昇飛鳥（第一字）、人工H，即共工，鳳（第二字），乙字有捲尾 乙 即斗獸。人首璜與人首斗刀，所要祭祀的對象應是一樣，一樣是代表天的天帝。可能區域不同，或是時間差異，所以雕工就有所不同，但一樣都是商文化內涵，而不是周文化。

【高 31 cm／寬 18 cm／厚 1.5 cm】

【商周青玉斧】

　　青玉斧，斧刀如魁，斧如北斗，斧柄首是為虎（圖騰獸），斧柄中有鳥翼是為日鳥，為日的隱意，斧上有半月形物，代表弦月，斧代表斗。此件是為巫覡首領的權杖、法器，而非實用之玉斧。

【高 31.5 cm／寬 16 cm／厚 1.5 cm】

【高 25 ㎝／寬 5.6 ㎝／厚 1 ㎝】

　　青玉圭分四層，一、羊為圭首，是為圖騰，以羊為主圖騰之族，是為羌族。二、四方琮與日圭結合，四方，六合曆。三、人祖著禮服。四、圭尖部有六字（自譯）甲骨文（壓地隱起陽紋）共工、句龍、其（祭祀）、月、日、昊（斗）共六字。

【高 32 ㎝／寬 9.5 ㎝／厚 1 ㎝】

　　青玉圭分三層，一、長冠斗巫覡。二、著禮服，人祖。三、圭尖部有六字（自譯）甲骨文（壓地隱起陽紋）屯、斗獸、己（太乙，太極循環）、其（祭祀）、月、日、共六字。

【戰漢時青玉璧】

【高 6.7 cm／寬 6.7 cm／厚 0.8 cm】

鋪首銜環，天道密碼完全記錄此小系璧上。外圓為日，內圓亦為日，左、右各一獸面斗獸紋，代表北斗七星是循環旋轉，二、朱雀紋，朱雀是漢時南方的代表，亦是炎帝圖騰，由仰韶彩陶知，朱雀即為啄木鳥（啄木鳥冠羽為朱紅色），演化過程改變華麗的靈獸，而忘記本身的形態。四魚，魚代表月，弦月地支鋪首，鼻眉即為魚形，鋪首額，菱形，北斗魁星，鋪首臉頰的格菱紋，即是北斗星曷紋。鋪首頭頂為天穹，鋪首無嘴而只鼻鉤紋環，紋環如置於歸墟之中的太陽，天穹與歸墟外形即是太陽運行的軌跡。此玉璧是戰漢時商文化，商文化獸面紋是最重要的圖騰，鳥、魚、日、月都是次要圖騰。

【漢白玉獸面鋪首】

【高 6 cm／寬 5.3 cm／厚 0.5 cm】

鋪首如方形，帶柄的北斗牌，長鼻雕成北斗牌柄，而四周雕四靈獸，東龍、西虎、南鳳、北龜代表夜間天象的二十八星宿。也是四方神，北斗七星是主控天上各星宿，所以玉鋪首，即是商時獸面紋，即是殷商太陰曆法的主要依據。

【漢青玉獸面紋】

獸面鋪首，一定隱含日月北斗密碼在其中，此方形鋪首，以四旋紋代表魁四星，而斗柄有月，日、月太極紋，今日玉雕上的雲紋，其演變過程是由魚尾演變成的，而魚尾在炎帝系中，仰韶彩陶上代表的是月亮。所以斗柄上表示日夜循環太極之意。

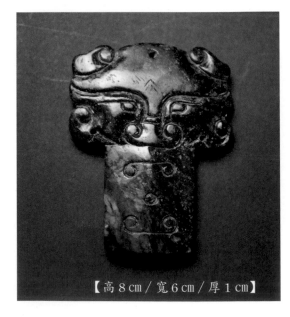

【高 8 cm／寬 6 cm／厚 1 cm】

青銅框，中間鑲鉗白玉獸面紋，鋪首青銅框，左、右各有一臥虎。鋪環亦是青銅，可知這對鋪首是實用器，白玉獸面紋，淺浮雕，雲紋、雙龍紋、臣字眼、網紋鼻中，四方形鋪首似魁，北斗的四方斗魁，鋪環圓形代表是日，北斗為陰，日為陽，陰陽合和是謂太極。

【鋪首：高 10 cm／寬 7.2 cm／厚 1.5 cm；環：直徑 6.6*6.6 cm】

【漢青銅鉗白玉鋪首】

【漢，白玉鎏金玉鋪首】

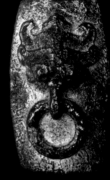

戰國青玉珮正面（左圖）、背面（右圖）
【高 5 cm／寬 3 cm／厚 1.5 cm】

【鋪首：高 30 cm／寬 14.5 cm；璧：直徑 9.5*9.5 cm】

　　鋪首方形似魁，額頂上，个為炎帝上昇太陽鳥的符號，演變至漢時的符號，下舌銜環，玉璧即為太陽，下巴左、右各一的魚尾，一般獸面紋常見亦以鼻為魚頭，連至眉到向外的魚尾，鼻與眉外形成組合魚之形狀。舌頭成為北斗的斗柄，嘴形雕刻成斗槽之形狀，鋪首獸面紋，斗獸的密碼，日、月、星常常多種組合隱藏於其中。

　　玉珮，一面雕銜環鋪首，環如日，首頂如上昇飛鳥，鋪首即為北斗獸首，一面大朱雀紋，不應說朱雀，應說太陽鳥，朱雀，代表南方，代表夜間朱雀宮的星辰。此時應是代表太陽，所以應稱太陽鳥，鳥下方有一魚，魚眼魚尾明顯其餘簡化。戰漢時期玉雕文化，視玉器有如神器，有著至上的尊敬，所以玉雕上都隱含陰陽循環，陰陽合和的太極之道。

演變至漢時的符號，作者認
為即是漢時流行的茱萸紋。

　　楚國白玉鋪首為四鹿紋組成，雖不是四方形的北斗魁首，但亦是以四鹿紋隱
喻四星魁首。環的部分由二虯龍、二鳥羽組合而成，亦象徵龍、鳳珮，有著陰陽
合和太極之道的含意。楚國與中原地是兩個系統的源流，長期以來楚國就保留與
其他國不同的圖騰，甚至應該是楚國保留比中原地區諸國更古老的文化，更古老
圖騰，獨立於化外，而沒有被融合的單純的古老文化。所以此玉鋪首與中原地區
玉鋪首有著明顯不一樣的風格。

【鋪首：高 16.6 ㎝／寬 13.3 ㎝／厚 1.8 ㎝；環：高 9.6 ㎝／寬 9.2 ㎝／厚 1.8 ㎝】

【商末商文化青玉斗】

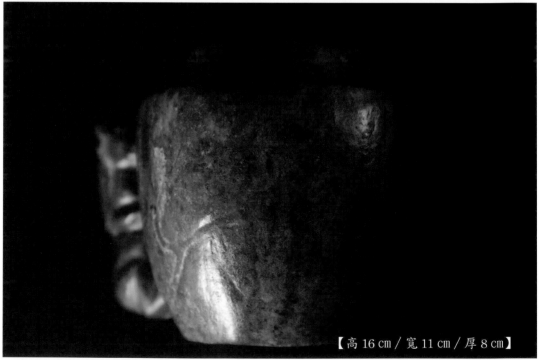

【高 16㎝／寬 11㎝／厚 8㎝】

　　玉牛附著於玉罐上，做成罐的把手。這種設計、型態的陶器（把圖騰物，附屬於禮器上），是比把圖騰物身體挖空當罐盆的設計，先進許多，所以年代亦是比較近的。斗罐上有二字，一從○從大，一勿，二字甲骨文，從○即日，從大即天，即昊字，甲骨文勿即為易字，北斗易之意，二字甲骨文即為昊易，罐有如斗，是為量器，所以此件青玉罐可名為昊易斗罐。

【高 16 cm／寬 10 cm／厚 7 cm】

　　青玉牛斗由牛首、罐（斗）組合而成，牛是炎帝神農氏圖騰。罐，其實就是斗（斗的本意即是裝水的物品即為斗）尾為三叉形，是甲骨文火字，亦是炎帝圖騰此青玉牛罐，即是祭祀神農氏（炎帝）之禮器。

【高 18 cm／寬 12 cm／厚 4.5 cm】

　　龜首，斗，尾側面有甲骨文，一面二字，丌與O結合，一字工與十的結合，丌即為天，O即為日，昊是太昊或少昊，從工即魁，十即為七，即是斗字。二字即是昊斗，另面為圖騰，不明顯，無法斷定。

　　玉斗與獸面鼎的比較，玉斗又比商時鼎上的紋路原始。原始文化玉雕由簡單演變成複雜是定律是常態，簡單的玉斗，單純祭祀的對象，未加複雜其他族系的圖騰物，可見其應是商前或商初文化期的玉雕。

【馬家窯彩陶】

【高 4.2 ㎝／寬 3.1 ㎝／厚 2.8 ㎝】

　　馬家窯彩陶甘肅博物館。馬家窯彩陶，人蛙形是常見之紋飾，再延伸成其他人蛙紋飾，如簡圖，再深入研究，人蛙圖其實就是北斗獸，人首四點就是魁，而屈踞的四股就如北字，二者合為北魁，即為北斗七星之意。所有關節或手腳短線都為四，亦可能是四星魁之意。

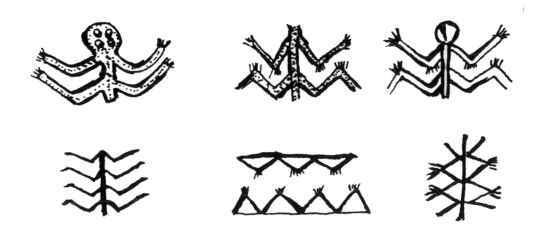

史前馬家窯文化彩陶馬廠類型各種彩陶上斗獸紋，青海樂都柳灣。

此件玉雕是商文化中祭祀北
斗所用之禮器或法器。

　　青玉龜殼，一面篆字，一面斗獸，斗獸鳥首人身（與商時三
星堆金泊相同），但鳥首上的冠飾其實就包涵日、月、陰、陽的
圖案內涵在其中，而人身即是巫覡法術的姿勢，代表北斗。

【高 16.5 ㎝ ／ 寬 16.3 ㎝ ／ 厚 1 ㎝】

三星堆博物館存

105

【馬家窯白玉隗魁祖像】

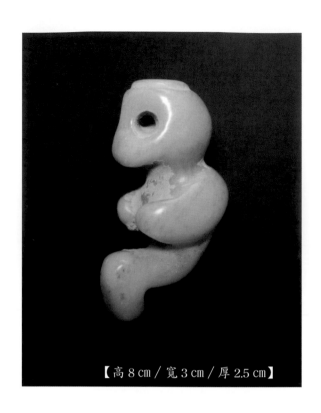

【高 8 cm／寬 3 cm／厚 2.5 cm】

鏤空之雙眼，嘴如鳥喙，雙手屈舉作法狀，身體無腳如蛇尾或龍尾。此玉雕即為馬家窯文化時期，巫師仿北斗作法像，與當時馬家窯文化彩陶上各種蛙紋做比較可知，彩陶上蛙紋，其實是巫覡仿北斗巫術的表現狀態，只是形式像蛙紋，巫覡人首，不是有著網格紋就有著四星魁紋，所以它代表著是北斗。是蛙或是人由許多馬家窯巫覡仿北斗巫術玉雕，可知應是巫覡仿北斗巫術做法時的狀態，而非蛙形上鳥首人身的斗獸，亦可知鳥首是帶面具巫覡，斗獸四肢是巫覡仿北斗施法之狀態。

【馬家窯文化巫覡白玉雕】

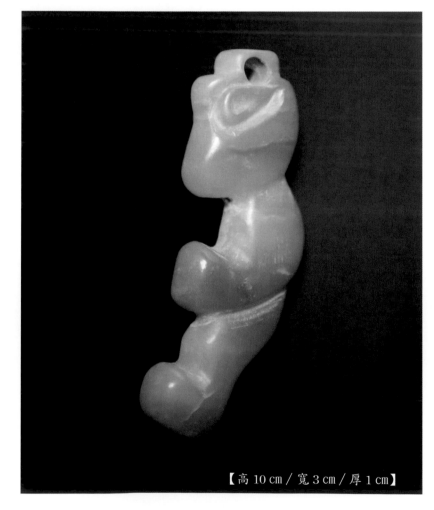

【高 10 cm／寬 3 cm／厚 1 cm】

巫覡仿北斗作法姿勢，眼睛為魚紋。

【高 10 ㎝／寬 6 ㎝／厚 0.5 ㎝】

巫覡仿北斗作法姿勢，眼睛鏤空如鬼，為炎帝裔。

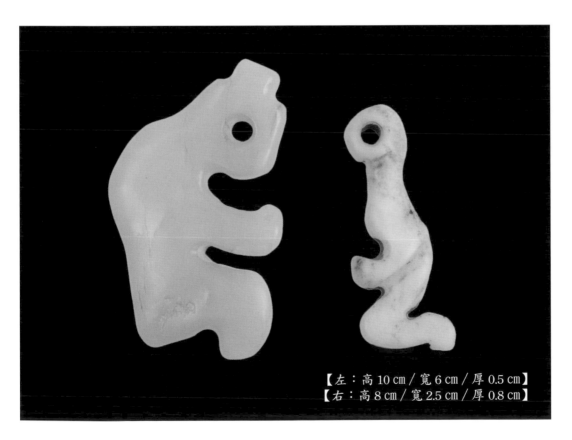

【左：高 10 ㎝／寬 6 ㎝／厚 0.5 ㎝】
【右：高 8 ㎝／寬 2.5 ㎝／厚 0.8 ㎝】

　　巫字從二人，從工，工為祭台，最早祭台為 T，演化成工，巫字，巫覡二人
對坐祭祀。若二巫覡相背，即為北斗的北字，或許東南西北，北的象形甲骨文，
最早的由來即是巫覡祭北方之星辰的姿勢。

【周青玉巫師像】

巫師頭戴龍形帽，手掘抱胸作北斗獸形，為巫師施法狀，龍形帽如北斗之斗柄，是為族的圖騰物，巫師背，腰部雕有魚尾鰭狀尾，代表上弦、下弦月，龍首為天干，魚尾為地支，巫身為北魁。

【高 25 ㎝／寬 17 ㎝／厚 2 ㎝】

【周青玉巫師像】

巫師頭戴斗形帽，雙手將龍首或以龍首代替雙手，屈腳彎手，作斗魁狀。腰背亦有魚尾形飭圓形雙眼，如春半年與秋半年。

【高 25 ㎝／寬 17 ㎝／厚 2 ㎝】

【高 20.5 cm／寬 6.5 cm／厚 4 cm】

　巫師頭戴山形天穹冠，雙耳如雲紋即弦月，雙手貼胸上舉，仿北斗的手勢，作為與神靈溝通的手語法術。

【高 14 cm／寬 3.5 cm／厚 0.3 cm】

　手屈舉於胸仿北斗巫術，眼如魚，如弦月，頭帶日晷紋帽，腰帶是網格紋的北斗晷紋，腳似如插銷可供祭拜，可見其亦為大巫師。全身平板青玉，以陰刻方式來表現紋路。

【商時紅山文化青玉太陽神像】

　　紅山太陽神，代表的是太陽龜神，頭戴方牙，基座帽為網格紋，方牙為天干，代表太陽，網格紋代表北斗星晷紋，豬鼻、魚形眼的龍首，雙手向前如仿北斗巫術，背部有龜殼就有如太陽龜，太陽龜即是黃帝圖騰。

【高 28 ㎝ ／ 寬 11.5 ㎝ ／ 厚 4 ㎝】

【高5cm／寬5cm／厚1cm】

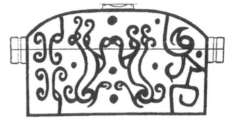

戰國曾侯乙墓漆箱圖

帝王像分首與頸二部分，首為陽較為凸出，頸為陰沒首部分厚，首髮二側分，如二鳥喙，髮中有五線如日晷，如五陰五陽十天干，眼雙圓代表雙日鼻為魚尾雙半月，嘴似斗形，頸部中間有如捲雲的雙半月魚尾形與首連結即 昊「昊」字，雙耳部以雙斗鳥獸，如曾侯乙墓北立面右旁的鳥斗獸紋，為北方之神。

【高5cm／寬5cm／厚1cm】

商周青玉系璧鳥斗獸紋【6cm／6cm／0.6cm】玉璧雕双鳥斗獸，鳥首、鳥喙、冠羽、啄木鳥類，尾部以魚尾鰭狀，身形如 斗（斗）狀，亦是天干、北斗七星、地支之帝王龍密碼。

【商周時期青玉兔】

【高 6.2 cm／寬 4.5 cm／厚 1 cm】

兔作為弓形，兔背以畧刻度，五刻度為背毛，五陰五陽十天干，為太陽之意，兔為月兔，代表月，代表十二地支，兔身雕刻陽紋，有北斗獸與旋轉太極紋，玉兔雕亦隱含天干、北斗七星、地支帝王龍密碼在其中。

【商周時期雙斗獸青玉系璧】

【高 6 cm／寬 6 cm／厚 0.8 cm】

斗獸，鳥首，四腳斗獸身，雙叉魚尾形，二獸作追逐循環狀。

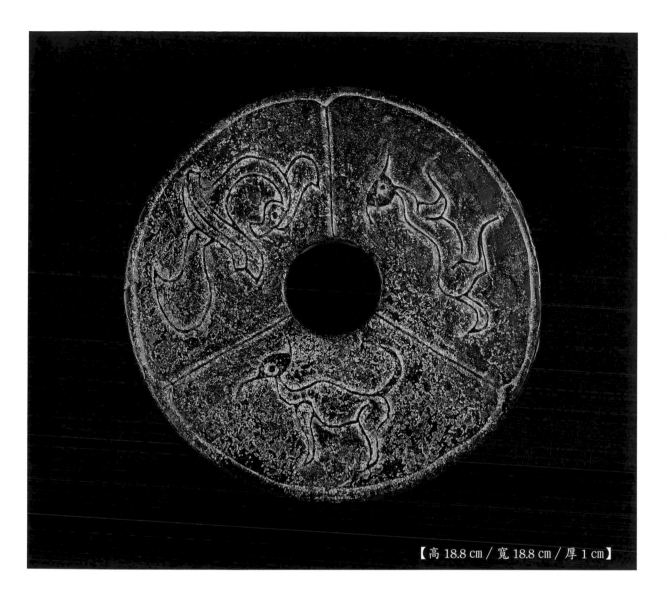

【高 18.8 ㎝ ╱ 寬 18.8 ㎝ ╱ 厚 1 ㎝】

　　二斗獸，一鳳鳥，鳳鳥雕成干狀，即為天干。鳥斗獸四腳為斗魁，斗柄是為眼睛狀，但有鳥喙有冠羽，而且眼睛與鳳鳥首不同，似乎鳳鳥是陽鳥，而鳥斗獸鳥首為黑為夜鳥之意，有點由啄木鳥（燧鳥）商圖騰鴞鳥，再演變成臣字眼，鳳鳥中鳥翼紋，則亦演變成三線鳥翼紋，就是太陽鳥的代表。

　　中國學者歸納彩陶文化上圖案。作者認為是日、月、北斗的象徵簡圖。三線鳥翼代表日，二線魚尾代表月，四線斗獸代表北斗，五線（加尾部）代表帝。

【戰國白玉帝王像】

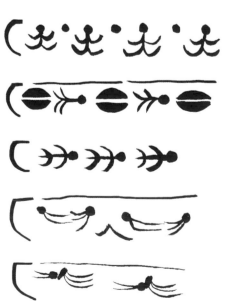

【高 9 cm／寬 3.8 cm／厚 1 cm】

【馬家窯文化青玉人形斗獸】

　　青玉人形玉雕，應是巫師仿北斗，北字的巫術象徵，北斗神君的降臨巫師的身上，而此時巫師就擁有北斗七星的力量，指揮滿天的星辰。馬家窯青玉人形玉雕與馬家窯彩陶文化中的人形簡圖，比較很容易就知兩者是一樣的信仰與描述。它不只是人形玉雕，也不是一般學者認為的蛙，而是巫師作法的狀態，青玉人形玉雕，人首以中空圓形代表是日，代表此一部族是以日為圖騰。

　　由美工科技一與金文編，書中整理出，龜背即為夜間天象，引申龜背即北斗，再引申網紋（紀錄夜間天象準繩）是為北斗暑紋，再引申四方斗與網紋結合的菱形網紋，上古文化視額頭最為重要，所以主圖騰都刻劃在額頭，為主要的最重要的圖騰，額頭的菱形紋、網格紋都是代表北斗。

【高 8 ㎝／寬 5 ㎝／厚 0.8 ㎝】

馬家窯文化白玉人蛙形玉雕，白玉人蛙形玉雕如簡圖，第一排斗獸紋。

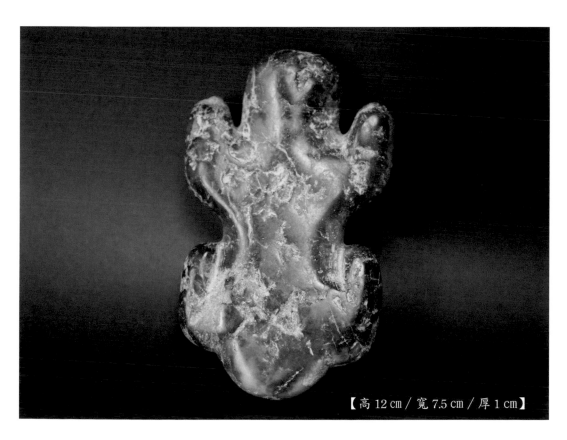

【高 12 ㎝／寬 7.5 ㎝／厚 1 ㎝】

馬家窯文化岫岩玉人蛙形玉雕，岫岩玉蛙形玉雕如簡圖，第一排斗獸紋。

馬家窯文化玉雕中，許多剪影狀的玉雕，簡單形狀表現出各種動物，以簡單獸形來描述，象徵各種天體日、月、星辰，都有各種動物來代表，基本，鳥即為日，魚即為月，龜即為斗或星辰，人蛙即為北斗。

【外徑：9*9 ㎝；內孔：徑 6*6 ㎝／高 4 ㎝】

【商青玉天穹圖騰鐲】

厚重的商代手鐲，桯鑽鑽孔，形成手鐲中厚四周薄。手鐲淺浮雕線紋，為天穹圖，獸首為日，左為湯谷右為禺谷，歸墟為月圖騰的簡圖。天穹上為日圖騰的天齊簡圖。整個天穹圖騰又似彩陶蛙形的北斗「北」字。

商天穹獸鐲展開圖

【周齊家文化彩陶圖】

甘肅武威皇娘娘台出土，資料來源《美工科技‧中華圖案五千年》。

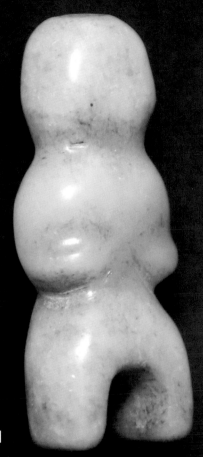

【高 5.8 cm／寬 2 cm／厚 1 cm】

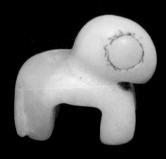

馬家窯文化白玉斗獸（獸首）
【高 4 cm／寬 4 cm／厚 2.5 cm】

馬家窯文化白玉斗獸（鳥首）
【高 5.5 cm／ 3 寬 .5 cm／厚 2 cm】

　　馬家窯文化，白玉巫覡，簡單的人形，由人形的雙手、手勢，知是巫覡仿北
斗的手勢。雙手緊貼身體兩側手臂向上舉，仿北字的手勢（仿北斗），上古時期
巫覡施法的手勢。

【馬家窯文化白玉斗獸（人首）】

【高 6 cm／寬 3 cm／厚 0.5 cm】

馬家窯文化白玉，人，簡單的人形，是馬家窯文化玉雕的特徵，其中內涵並不只是簡單的人形，它隱含天人合一，天文觀念，人它可以是北斗，它可以是上昇飛鳥與魚的結合。

四件馬家窯文化，以簡單雕刻來表達各種斗獸，可見斗獸在當時文化的認同性與重要性，亦可能馬家窯文化，亦是以炎帝隗魁的斗圖騰，為馬家窯文化最主要圖騰了。

【馬家窯文化白玉人形玉雕】

【高 10 cm／寬 3 cm／厚 1.5 cm】

背影人形玉雕背影，有如北字，在玉雕中只有雕人物背影，可能只有此件玉雕。因作者想要的內涵是北字、背字而非人字、人物像。此玉雕象徵的是巫覡作法時的姿勢，祭祀的對象是北斗七星（斗魁），所以只雕背部而前面無雕。

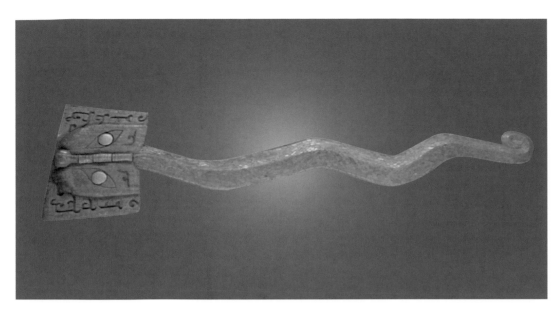

夏代綠松石斗獸，延續馬家窯文化、龍山文化。斗獸，四方形斗首，長柄狀的斗柄。一般皆稱為二里頭綠松石龍形，仔細比對馬家窯、龍山文化、辛店文化、商文化甚至於漢文化，皆保留此類型內涵的玉雕，應是巫師法器中的北斗神器。

【高 22 cm／寬 6.5 cm／厚 0.6 cm】

馬家窯文化與夏二里頭文化，有著承先啟後的關係，二者的相似度，亦是百分百，馬家窯玉雕還是在啟蒙階段，玉雕上還不成熟，雕成扁平北斗形玉片都算相當進步了。

【春秋戰國時之宋國青白玉權杖（商文化末期）】

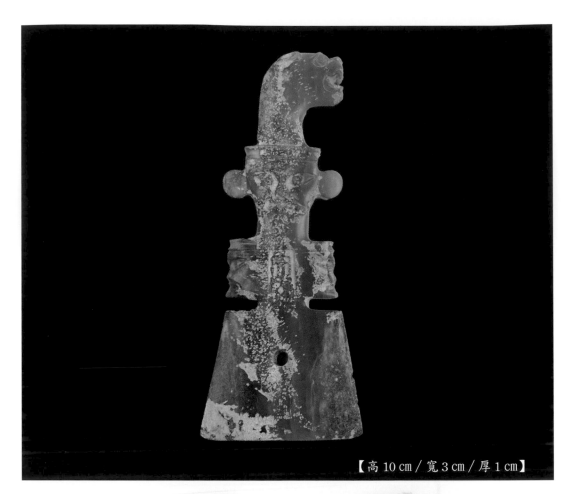

【高10cm／寬3cm／厚1cm】

玉權杖前後的拓文。

　　權杖中心兩面的拓印文字，虎頭三首玉鉞，權杖，正反面共四字。商辰、宋辰，宋與商與二十八星宿的相對應為大火星宿二，而戰國楚帛書所見的大火三星（商辰、宋辰），星座為大火（辰）特徵三首赤面，刀耕火種，雷火，明堂之水，大火神，先商十二星表：子丑寅卯辰巳午未申酉戌亥。

　　相傳少昊帝摯時，契授命掌火紀，火紀為紀錄大火心宿二的職責。下斧鉞如斗魁狀，代表北方（古時南方在上、北方在下、東方在左、西方在右）亦代表北斗，中間左右各一人首，左為逢伯（大火星、商星），右為實沈（參星），上人首雙耳如半月，嘴形亦如月。權杖柄首為虎，柄首就是代表族的圖騰，此柄首為虎，應是天象中西虎宮，亦是少昊白金氏的圖騰，亦是春秋時期宋國的先祖。春秋宋國繼承商文化，商文化繼承龍山文化、夏文化，一脈相承，四方斗魁首，虎首柄就是甲骨文「斗」字，北斗七星，柄指西宮白虎也是一脈相承的慣例（原因待查）。

辛店文化彩陶瓶。

馬家窯文化青白玉北斗玉雕
【高9cm／寬6cm／厚0.5cm】

　　辛店文化彩陶瓶。辛店文化、齊家文化、中原龍山文化、二里頭文化、馬家
窯文化有著在同一區域時間與地域，承先啟後的關係。辛店文化是帶有齊家文化
淵源，為新石器文化的總結，辛店彩陶文化亦是新石器文化，豐富廣大彩陶文化
的總結。此件彩陶瓶（祭祀用禮器）上圖案，若沒有馬家窯北斗玉雕，難認定它
就是北斗，它繞著瓶口主心（太一、北極星）而旋轉。

【馬家窯文化白玉龍】

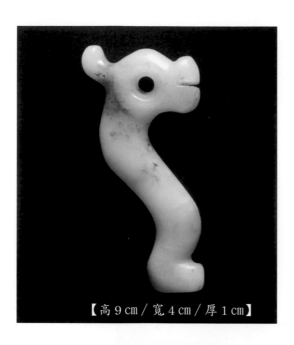

【高9cm／寬4cm／厚1cm】

白玉龍虎首龍尾，曲身獨腳，與二里龍綠松石龍形有著一些相同，但必須有更多證據來證實，此白玉龍是何物，或許就是伏羲龍。

【商周青玉巫師權杖首】

【高24cm／寬8.5cm／厚6.5cm】

　　權杖首，巫師頭戴鳥翼冠，耳朵部分則刻有馬家窯彩陶文化的北斗記號，鳥與北斗都是巫師溝通天地重要橋樑的圖騰。做為法器，必須有著溝通日、月天地的信符，所以上古時期最重要的日鳥與星斗圖騰，雕刻於商時巫師權杖首，是商時巫覡文化，一直流傳至現代道教文化之中。

【高 9 cm／寬 8 cm／厚 2 cm】

　　巫覡雙手，一手舉鳥一手似乎是袖口上翻，就如馬家窯文化中的北斗符號，日鳥與北斗的巫覡文化，一直保留至漢時三星堆文化中，巫覡施法舞姿上的玉雕上重現。巫覡鬚式即鮮卑族的髡髮傳統。

【高 16.5 cm／直徑 6 cm】

　　權杖首。首如牌，頸即柄。雙耳有如馬家窯文化的北斗玉雕，雙耳北斗圖騰下為鳥喙，代表日。此權杖首有三星堆的縱目的燭龍圖騰，是祖先圖騰。而耳朵的北斗是權力來自天神的象徵。

【戰國白玉胡人薩滿巫師像】

【高 16 cm ／寬 4.5 cm ／厚 7.5 cm】

巫師手舉雙鳳鳥，腳踏蛇與龜，象徵此巫師有通天達地的能力，上通朱雀，下達玄武，上古時期天上是南方，地下是幽暗的北方。而非今日的東南西北。古時東於左，西於右，上是南，下是北。若是方向則以齊方、楚方、晉方等方國方位來代表方向、所以巫師手舉朱雀腳踏玄龜，是巫師作法通天達地之法術，亦可知商時文化並不流行東龍、西虎、南鳳、北龜四靈獸，而只有日鳥、月魚、北斗星辰，至戰國時期才有四靈獸的文化。而巫師仿北日鳥的巫術，轉換成手持朱雀，腳踏玄龜的巫師了。

「女薩滿作法」復原圖，資料來源《故宮文物 210 期》P.19

【高 14 cm / 寬 12 cm / 厚 5.5 cm】

　　羽人雙手合十，兩側有三平行線的鳥翼，裙底上翻而雕空，如斗可裝酒，背部有獸面紋吐出酒泉，酒泉落地向上回激，就如二里頭綠松石龍形的形狀，亦就有如鋪首。就整個玉雕外形，就是馬家窯文化的北斗，獸面紋與二里頭綠松石龍羽人的日鳥翼。底座有宣和年號，可證明北宋徽宗時玉雕，尚保留上古文化中的巫覡文化。

　　倒過來看就知是北斗，而斗柄上的圖騰，為此族最重要的圖騰。亦即鳩鳥才是此玉璧的主角。斗魁內紋中間為太極（北斗循環菱形紋）頭為上昇飛鳥或是太陽鳥，尾部是魚尾，代表雙弦月，兩側飛鳥則是合茲鳥，河姆渡骨圭上圖紋，雙鳥朝日的雙鳥，合茲鳥也。魁內圖騰可與曾侯乙墓的西宮白虎星座圖作比較，似乎許多相同點。

　　龍山文化玉器拓印圖。虎首柄，全器代表是北斗，魁的方形人首，耳部以斗獸簡圖，左圖以日為眼，右圖以臣字鳥形眼，兩者都是代表日，鼻子以雙弦月的魚尾形代表鼻，牙齒是鑿齒氏的特徵圖騰，全器就是北斗法器做為溝通巫神的法器。

龍山文化玉器拓印圖。

【商時青玉良渚文化或三星堆面具】

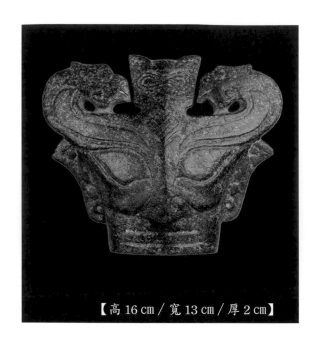

【高 16 cm／寬 13 cm／厚 2 cm】

面具方形臉，是良渚神徽的特徵臉形，額首有菱形網紋，即是北斗星辰暑紋。雙鳥首向內，亦是合茲氏，河姆渡雙鳥朝日的雙鳥。正中額上，與琮上或蚩尤環上、方形斗牌上的獸面紋，都是一樣的，亞鈴形的雙眼，雙耳的虎形耳，虎首形亦是方形的斗魁形。面具上的圖騰，其實與良渚玉璧上的圖騰是一樣的，只是表達方式不一樣而已。

【良渚文化圖騰北斗法器】

【高 20 cm／寬 8.5 cm／厚 0.5 cm】

日本東京國立博物館藏的良渚文化玉器，有此相似的類型，與良渚文化北斗、斗魁首玉牌比較，可知此類的玉牌亦是做為北斗玉牌的法器魁首使用，（這些玉牌內的圖騰，有學者認為是豬圖騰，有學者認為是虎，若是虎，即是少昊伏羲氏的圖騰。若是豬，則是豬豨氏圖騰）。

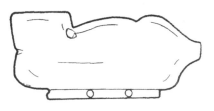

良渚文化玉器日本東京國立博物館藏

似斗牌的巫師騎獸升天玉雕。古道教相傳，黃帝騎黃龍而昇天得道，所以紅山文化中有巫師騎獸升天的玉雕。此玉雕亦有雙圓眼如雙日，而嘴亦是雙月結合，騎雙長角獸可能為羊或牛，此玉雕二十一公分的長度應是法器或權杖使用。

【高 21 cm ／ 寬 11.5 cm ／ 厚 3.5 cm】

雙圓眼如太陽，嘴如下弦月，都是權杖用途。所以上、下都為權杖用途，當然隱含日、月、北斗才能成為至高無上的法器，騎雙角獸，此雙角獸即是部族圖騰獸。

【高 18.5 cm ／ 寬 7 cm ／ 厚 3 cm】

良渚文化青玉北斗魁首玉牌
【高 13.5 ㎝ / 寬 9.5 ㎝ / 厚 0.3 ㎝】

良渚文化青玉北斗魁首玉牌
【高 13.5 ㎝ / 寬 9.5 ㎝ / 厚 0.3 ㎝】

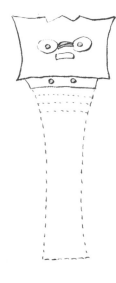

良渚玉璧鳩鳥圖
騰柱復原圖

良渚文化，青玉斗魁首玉牌，模擬良渚玉璧鳩鳥圖騰柱復原圖，可知玉牌為北斗的斗魁，虛擬長柄即為北斗七星的斗柄，它就良渚時代的法器或權杖。下圖為良渚玉璧鳩鳥圖騰柱復原圖。

【商末青玉鼎】

　　青玉鼎中獸面紋的眼睛，即是太陽，運行的軌跡，即是嘴鼻的形狀，鼻屬陽，是齊山形狀，嘴屬陰，是歸墟的形狀，下紅山文化的獸面刀眼睛，與商末青玉鼎獸面紋眼睛，都是一樣代表「日」。

【牛首：高 16 cm／寬 9.2 cm／厚 0.1 cm】
【巫師：高 20.5 cm／寬 6.5 cm／厚 0.2 cm】

　　牛形獸把正面立體壓縮成正面扁平，在藝術上，是一個突破。亦可以說這些獸面紋刀都是獸的正面扁平相。而且隱約這些獸面紋刀，亦是代表四方魁的斗獸，就整個外形亦如青玉鼎獸面紋太陽運行的軌跡。

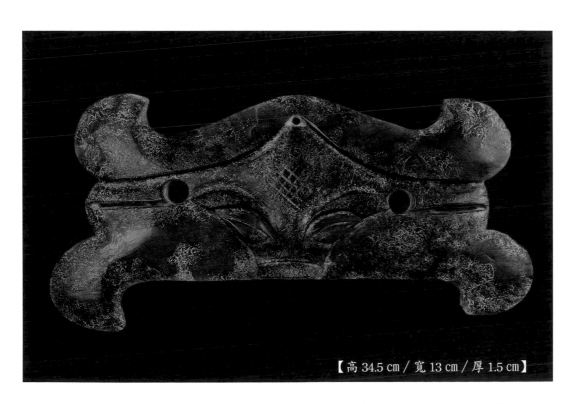

【高 34.5 cm／寬 13 cm／厚 1.5 cm】

　　我是一種非常厲害的武器，上古因我戰勝而發出哦哦的自豪聲音，此種武器形成即稱為「我」。青玉獸面我，如饕餮，上揚彎曲牛角即為上昇的飛鳥，代表太陽代表陽，而下獸腳彎曲如歸墟，是為魚尾代表雙弦月組合，是為陰，而獸面額紋為菱形格紋，代表的是北斗，是夜晚北斗曶紋的簡化。此青玉我即為巫師、首領的法器與權杖。

【商周時期青玉紅化玉刀獸面紋】

【高 32 cm／寬 11.5 cm／厚 1.5 cm】

此玉刀雙眼如日，雙眉如月，左右大腳如鳥喙，牙齒十二即為地支，額左右各有魚尾紋，整大片玉刀，長方如斗魁狀，左、右各三腳形如斗獸四腳，亦是隱含天干、地支、北斗的密碼。此玉刀四周刀緣或刀鋒都比較厚，不是實用玉刀，只是祭祀禮器，可能原因「它」已是此類玉刀的末期，或是此玉刀玉雕風格為齊家文化，炎帝系統的此類玉刀都是如此，而不似紅山玉刀刀鋒如今亦鋒利可割紙類。

商周時期圖１、２青銅器上的獸面紋，獸面紋繁複的圖紋，但多大同小異。最主要的圖騰是額頭正中，是為各族的圖騰，各族的量天尺，在額、眉、鼻中間就是各族的圖騰所在，也是獸面紋最重要的地方。圖一：就是彩陶上北斗之意，臣字眼代表是日鳥，鼻樑即斗魁與柄，鼻即魚尾代表月。圖二：鼻以魚尾代表雙弦月，額中以菱形代表北斗，鼻樑兩側就是北字，或背對背的斗獸紋，菱形紋亦是代表斗魁，從額頂、額、鼻樑、鼻孔都是表現北斗之意，所以獸面紋真正代表的就是北斗獸，北斗真君控制天上的星斗，才是主神，左右各有一鳳鳥、朱雀，形同主神，主角是獸面斗獸紋，代表太陽的鳳鳥只是附屬而已。

商晚期青銅器上獸面紋

周早期青銅器上獸面紋

【高6cm／寬4cm／厚1cm】

伏羲氏也稱鬚鬚氏，也虎羲氏，有雙虎耳，有鬚鬚。玉人首鬚鬚如斗柄，首為方形如斗杓，嘴如弦月。眼如魚形亦代表月。整體玉首即是北斗（斗魁與斗柄）法器符號。

【漢青玉鬚鬚氏（伏羲氏）玉面首】

【高5cm／寬4cm／厚1cm】

牛鼻如頸如斗柄，有五道日暈紋；雙目大又圓，如日，是春半年、秋半年之義。額有格菱九宮紋，是為北斗暈紋，代表北斗七星。面形四方如斗魁獸面，角似牛角形，神農氏牛面玉首，即是北斗法器符號。

【漢青玉神農氏牛面玉首】

方牌如魁，額中為个，上昇日飛鳥，鼻為魚尾，鼻與額中間有6片龍鱗，是代表十二地支，方牌凸起陽雕的底部，以小點代表滿天星斗，中間左右各一龍紋，左右上角各一變形鳥紋，方牌即是斗魁。

【高7cm／寬4.5cm／厚1.2cm】

【戰漢墨玉斗獸方牌】

131

【戰漢青玉玉斧】

【高 6.5 ㎝ ／ 寬 5.5 ㎝ ／ 厚 1 ㎝】

斧為斗魁，斧與柄如斗杓如斗柄，斧：魁紋，嘴如斗，雙耳為雙弦月，眼如雙日，鼻是魚尾，又代表北字，所以如斧代表魁是帶有日、月、星辰的法器。

【漢青玉玉斧】

【高 9 ㎝ ／ 寬 4.5 ㎝ ／ 厚 0.6 ㎝】

　　玉斧，上為斗獸，斗獸為鳥首，獸身中為祭台，祭台如天穹，天穹雙腳如魚尾。下為獸面紋（獸面紋即為斗獸紋），最下為玉斧刀刃。

春秋青玉人首
【高 5 ㎝ ／ 寬 3.5 ㎝ ／ 厚 2 ㎝】

龍山文化人圖騰面具
【高 21.5 ㎝ ／ 寬 11 ㎝ ／ 厚 1.5 ㎝】

二件玉雕的耳部，都是斗獸的簡形。

【商周時商文化鳥形文青玉璧】

　　青玉璧，分四等分，就如天穹循環的四時，把年分成四，春分、夏至、秋分、冬至四時，而四等分中間有鳥首圖文，月鳥首向下。與月相對是鳥首斗獸，斗獸無鳥翼，下有鳥翼鳥形，代表燧鳥，日鳥也，與有鳥首的鳥形文相對為"乍"字，為祭祀用詞。此青玉璧祭天穹，是青璧禮天的用璧，禮天，禮日、月、北斗也。

【高 20.5 ㎝ / 寬 20.5 ㎝ / 厚 0.8 ㎝ / 內孔直徑 4*4cm】

【商周時商文化青玉大璧】

　　青玉大璧分四等分，為春夏秋冬四時，四等分有甲骨文八字，日乍、乍（龍字右偏旁）乚、告用、斗獸鳳，八字，祭祀用詞與對象。

【高 20.5 ㎝ / 寬 20.5 ㎝ / 厚 1 ㎝ / 內孔直徑 4*4cm】

【高6㎝／寬4㎝／厚2.5㎝】

四首斗獸頭頂一圓**勒**，弓形身軀如斗杓狀，回首獸首為斗柄。

【商時白玉東龍西虎合體玉雕】

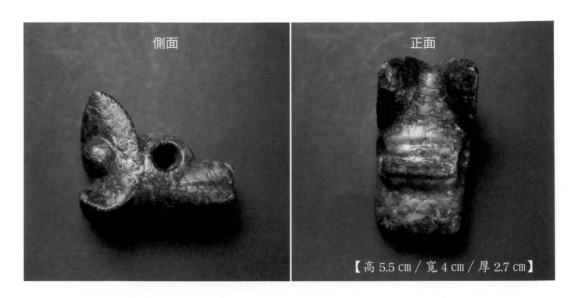

側面　　　　　　　　正面

【高 5.5 cm／寬 4 cm／厚 2.7 cm】

一件玉雕只有龍首與虎首，眼鏤空，可穿戴。

二件白玉斗獸為一組，一併解釋才能有答案，龍首為東青龍宮，虎首為西白虎宮，與斗獸北斗七星，為上古時的授辰時序，是為春夏秋冬，春分、夏至、秋分、冬至判斷定時的標準。

【商時白玉鳳鳥】

【高 5.5 cm／寬 4 cm／厚 2 cm】

白玉鳳鳥與白玉斗獸、白玉龍虎雙首合體，三件玉雕是同坑玉雕，要視為一體的。它表現的是，商朝當時對天體神格化相對應的神獸。鳳鳥即相對應日鳥，東方之神為東宮青龍，西方之神為西方白虎，回首斗獸，此玉雕似乎是虎首。

【人面：高 5 cm／寬 4.5 cm／厚 0.6 cm】
【斗獸面：高 6 cm／寬 4.5 cm／厚 0.8 cm】

斗獸面：方形牌為斗魁，雙眼如黃金四目，是太陽，鼻是魚紋，眉是魚尾，是月紋。人面紋：眼如雙魚，是雙弦月，鼻亦是魚紋，髮髻有六道虛線紋，是六陰六陽十二地支之意，難得在上古玉珮中，有日珮與月珮的組合同時存在。

【高 5.5 cm／寬 3.5 cm／厚 1.3 cm】

人斗面首，雙雲紋髮髻，如一般民俗的西王母像，抓髻娃娃。雙耳亦是雲紋，亦可說魚尾紋，如龍斗面首中的鼻子，亦是玉雕最喜歡以魚紋象徵鼻子。

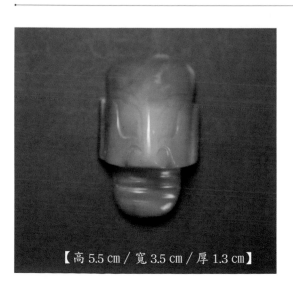

【高 5.5 cm／寬 3.5 cm／厚 1.3 cm】

三星堆文化，常以人面上半，鼻以上凸出，以下內陷（嘴與下顎），分出上半臉為陽，下半臉為陰的雕像表達方式。

【西周時龍山文化青白玉北斗人首牌】

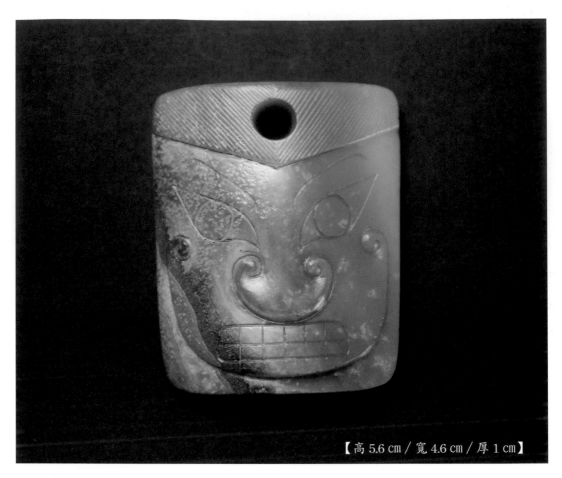

【高 5.6 cm／寬 4.6 cm／厚 1 cm】

　　北斗人首，或許就稱玄天大帝像，方形玉牌，是斗魁，下顎方形如斗，鼻如魚紋，是象徵弦月，眼睛雙圓如日如鳥，臣字眼。

【西周時龍山文化青玉北斗人首】

【高 5.4 cm／寬 2.5 cm／厚 2.5 cm】

　　嘴形如斗，是謂斗魁，鼻是魚形連接眉是魚尾，代表月，臣字眼是鳥形代表是日，亦是玄天大帝像。

　　良渚青玉琮，琮為方形，有四角菱，菱面上有月神，下有日神，月神雙眼無暈，日神雙眼有暈，良渚文化很重要斷代依據，眼暈的細雕紋，都是以鯊魚牙手工雕琢出的紋路，它是很特別的紋路，很好斷代的證據，琮為方形，亦是代表北斗的魁首。《三皇五帝時代》（下）P.504，王大有著。「良渚文化是豨豬氏，防風氏」封豕，封豨以豬為圖騰（羲為圖騰，羲即北斗）；防風氏，良渚文化豨氏、鳳氏，豨鳳氏居民同樣「生」有四棵獠牙，于人有之則為鑿齒風俗。琮為四方形，作者認為是封豨氏，自三角形玉璇璣改良成四角形的玉璇璣，再改良成琮的形狀。良渚文化早期或崧澤文化，都有三角形玉琮的形式，可知四角形琮是由三角形玉琮改良而成，而三角形玉琮是玉璇璣改良而成的。

【良渚文化青玉琮】

【高 8.5 cm／寬 8.2 cm／厚 5.5 cm】

昌意入贅，蟜收該，封豕大奎部落的朝雲司彘之國，生子韓流，韓流生顓頊，司彘指，蜀山氏於蜀山畫觀日，夜觀北斗，三星堆先祖即蜀山氏，此漢白玉，雙眼中間雕有六孔六節，應是測月的儀器。手中持有琮，玉琮上有五節是觀日用，而琮為方形，象徵北斗，所以此白玉雕即是司彘之國的蜀山氏，三星堆的開國先祖。

【高 20.5 cm／寬 7 cm／厚 4.5 cm】

【商三星堆文化漢白玉巫覡觀日持琮像】

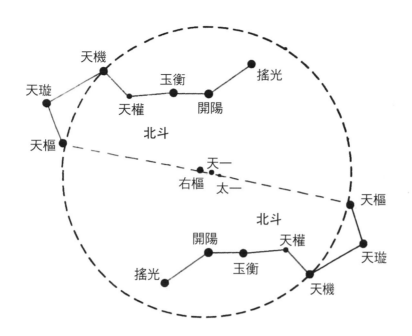

玉璇璣模擬北斗運行的圖（上圖）。玉璇璣三尖突是北斗七星的天璇星。天樞與天機二星的連線是圍繞天一星、太一星形成一圓形，即是玉璇璣外突的內圓。所以玉璇璣即代表北斗，而良渚文化即以玉璇璣原理，把三角形玉璇璣（三角形指的方位是三標準授時辰星），改良成進步的四角形，春、夏、秋、冬四方形的玉璇璣。

北斗七星圍繞北極星，說明《周髀算經》記載：「北極樞璇周四遊」，北斗七星環繞北極星，周而復始，如四方遊。四方遊，斗柄四方指。「斗柄東指，天下皆春，斗柄南指，天下皆夏，斗柄西指，天下皆秋，斗柄北指，天下皆冬」。《□冠子・環流》如圖二（下圖），北極星，帝星，象徵著皇帝，而北斗七星如皇帝出巡天下，所駕的御輦一年由春開始出巡，而此斗柄指西，如東漢石刻。圖三，新玉古玉，斗獸而有三連環，拴在皇帝手裡。就像北斗七星無形栓於北極星，而圍繞北極星而動。

【商周時青玉玉璇璣陽面、陰面】

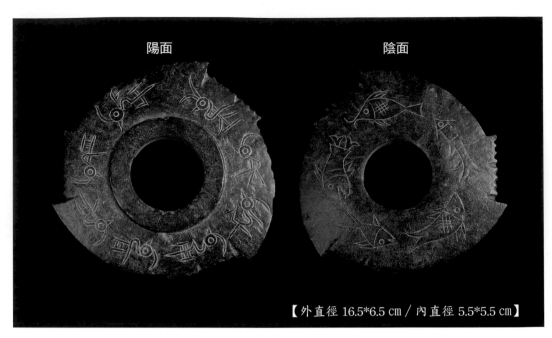

陽面　　　　　　　　　　陰面

【外直徑 16.5*6.5 cm／內直徑 5.5*5.5 cm】

　　青玉璇璣，陽面如凸唇璧，有凸唇表示太陽面，而另一面為陰面。玉璇璣最凸出璧外的角，為天璇星，如鳥喙，陽面刻有鳥形紋，陰面刻有魚紋，鳥為陽魚為陰，鳥表示太陽，魚表示弦月。鳥首、魚頭都是同方向，表示它是循環方式，所以八鳥首、五魚也應是代表天干、地支的天文知識隱含其中。

斗七星北指

北斗七星西指西虎辰星

北斗七星東指東龍辰星

　　馬家窯彩陶，中間纏繞的三角線形，中間點狀是北斗七星的變化狀態，而中間旋轉符號，為旋轉中心一天衡星的位置。北斗七星、商星、參星，古時標準授時圖，而北斗七星為最主要授時星，所以中間特別標示北斗七星旋轉圖，而其他三角就是三辰的旋轉軌跡。北斗七星北指，北斗七星西指西虎辰星，北斗七星東指東龍辰星。

　　史前馬家窯類型彩陶盆（俯視）甘肅臨夏水地陳家出土。

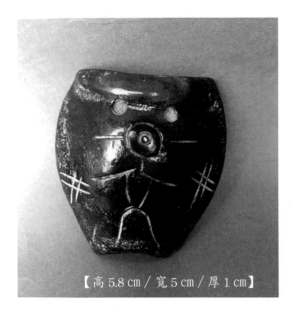

【高 5.8 cm／寬 5 cm／厚 1 cm】

龜殼刻紋，左右各一，斜井紋，中間一人一頭以雙圓代表，而又以一穿頭過。甲骨文「大」可以表示人，而大頭上加劃就是天字，而斜井字就是太極八卦文，而龜殼亦是龜易的隱藏意義，而昊字從日從天，此龜紋可以說以日為人首，以一貫人首成為日天，日天亦即昊，但此人物像，更像太昊伏羲的簡單圖像。三皇五帝中天皇人皇地皇，伏羲氏、神農氏、軒轅氏。太昊伏羲表示天皇，是最早最偉大的帝王，尊稱天帝，而天帝應位居夜晚天空的中心的一顆星，補天一。而北斗七星最重的授時標準星環繞著天一，組成天空二十八星宿圖。（三皇五帝每一傳說都不一樣這裡只是以一些古玉來作合理解釋而已）。

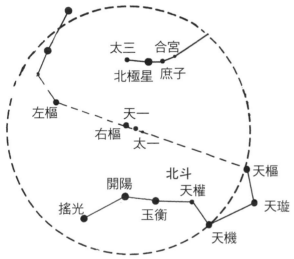

資料來源《中國天文考古學》P.136，馮時著。

【高 10 cm／寬 5.5 cm／厚 5.5 cm】

墨玉獸是西宮白虎星座，戰國時期，神格化的獸形，虎首、龜身、龍尾、蟬翼、龜身即是北斗魁首，以四腳來表現四星斗魁。蟬翼以北字形與太極乙的組合成蟬翼形。虎首前有圓圈，就是「寅錢納日」的意義，龍尾有鳥羽狀的龍鱗紋，各有十與十二兩排，表示的是天干與地支。（一）戰國墨玉白虎西宮獸；（二）西宮白虎星座圖；（三）曾侯乙墓西宮白虎星座神格化圖；（四）馬家窯文化彩陶蛙紋；（五）二里頭虎形銅牌；（六）商時紅山文化三角形鴟鴞璧，以上都是各朝代西宮星座的圖騰。

【西宮白虎星座圖】

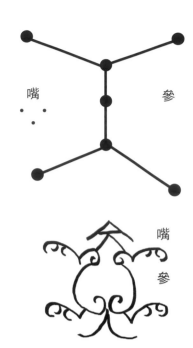

「寅為虎」稱「寅錢納日」，意為秋分納日祭典之後，西宮白虎保護著太陽巡天，便是《史記‧天宮書》說：「參為白虎，三星直者為衡石，下有三星兌，曰罰，為斬艾事，其外四星左右肩股也。小三星隅置，曰觜觿，為虎首，主葆旅事」。

戰國曾侯乙墓漆箱星象圖。西宮白虎星座神格化圖形，就是源自二里頭銅牌，鳥首、龜身、魚尾、鳥首為部落圖騰，可隨虎族鳥首即換成虎首，龍族鳥首即轉換成龍首。

【馬家窯彩陶文化蛙或龜形圖】

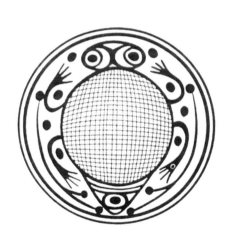

此圖擷自《美工科技第一冊》P.80。龜左右各有七圓點，四圓點分開，三圓點有線連接連接，三點即是斗柄，四點即是斗杓，龜首眼睛代表是日出與日落，而尾部代表月，龜身畫滿方格紋，即是夜晚星象紋，隨北斗七星斗柄的指揮，而圍繞天空旋轉的星斗暈紋。

【二里頭綠松石牌II】

長方形龜身，四身腳，代表斗魁，眼睛代表太陽，是為天干，尾部是以雙弦月，代表地支，獸首以蟬的口器為嘴形，而蟬翼亦以北的異形代表（北為背靠背，而異形面對面）。

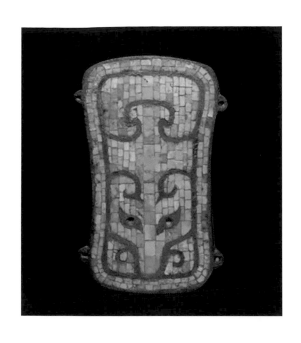

即象徵西宮白虎星座。西宮白虎
星座，龜身、魚尾但以鴟鳥為首的鴟
鴞，代表西宮白虎星座。此綠松石虎
銅牌，四方形銅牌如龜身，四個外孔
如龜四隻腳，尾是以馬家窯文化的魚
尾，亦如曾侯乙墓的西宮白虎星座的
尾部。只是此銅牌，以虎首代替鴟鳥
首，可以說是虎首代替鴟首，都是西
宮白虎星座的象徵，當時帝王的圖
騰。帝堯、帝舜、帝禹只有舜先祖水
伯天虞，虞先人是東夷少昊白虎部，
以白虎為圖騰，所以此綠松石銅牌即
是帝舜，虎圖騰銅牌。

　　甘肅省天水市博物館藏，二里頭西宮白虎星座銅牌鑲嵌綠松石。銅牌，龜身、
虎首、魚尾，由二里頭文化為夏文化，與戰國相差千年以上，而西宮白虎星座，
極為相似，只有鳥首轉變成虎首。而下三角形鴟龜西宮圖，是紅山文化，也是以
鳥首為西宮白虎圖騰的獸首。是以文化不同，對星辰的神格圖騰自也不同。

【紅山文化青玉三角形璧鴞龜紋】

鴞—鴟也舊—龜（台語）。鴟舊，是古人模擬西白虎宮星圖排列，像鴟與龜二圖騰物的結合。三角形璧就是當時使用曆法三辰曆，以三星辰，北斗七星、東蒼龍中商星、西白虎中參星為授時星辰。

【高 20 cm／寬 20 cm／厚 1 cm】

【商周青玉璧】

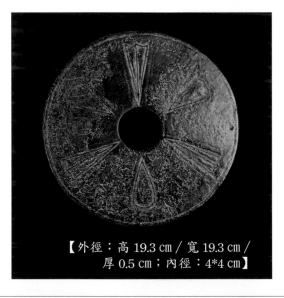

三陰三陽八卦紋，箭頭是飛鳥翼代表日，水滴形是魚的簡形代表月，三日三月代表三陰三陽，即是八卦，即是易經太極之道。

【外徑：高 19.3 cm／寬 19.3 cm／厚 0.5 cm；內徑：4*4 cm】

【商前青玉玉璇璣】

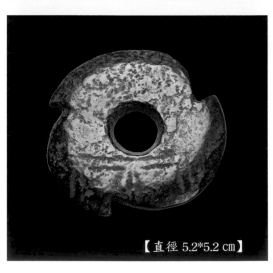

玉璇璣中有冂甲骨文，天穹之意，天穹，即天空的樣子，但古人亦認為天穹如圓蓋，為圓形不是方形，所以本人認為此冂應是如王大有書中，夜測星辰的網幕的形狀，lll為網柱，一為網格（菱形網格），此玉璇璣，應該是配合網幕來觀察與記錄，夜空星辰的運行軌跡。

【直徑 5.2*5.2 cm】

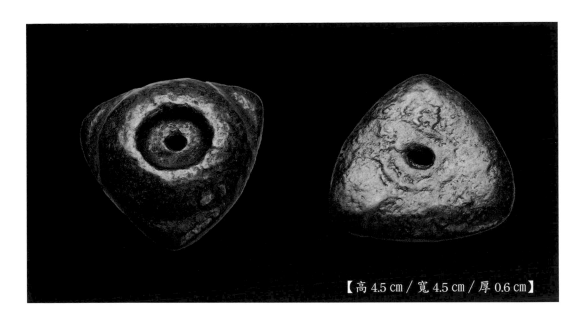

【高 4.5 cm ／ 寬 4.5 cm ／ 厚 0.6 cm】

【商前青玉紅化玉璇璣】

商前青玉紅化玉璇璣三角形玉璇璣，陽面有凸唇，而陰面有禺谷，太陽運行軌道圖文。

【高 6 cm ／ 寬 6 cm ／ 厚 0.6 cm】

【商周時三辰星青玉系璧】

三辰星，北斗星、商星、參星。

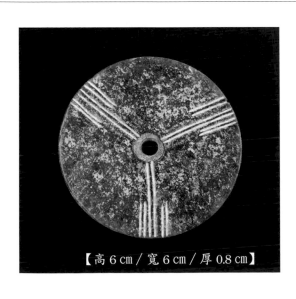

【高 6 cm ／ 寬 6 cm ／ 厚 0.8 cm】

【商周時三辰晷度青玉系璧】

三辰曆法，三陰三陽，三辰記錄，是最早伏羲八卦來源。

伏羲八卦圖

147

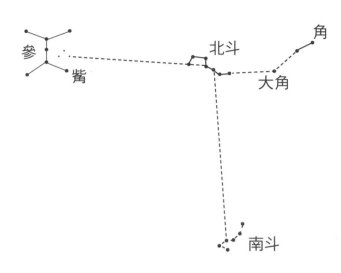

【北斗七星栓繫二十八星宿示意圖】

易：就是天地、日、月、星辰的總稱，星辰是指古三辰。三辰：古人授時標準星「天下所取正」天上標準點。三辰：北斗七星－大熊星座；商星（大火星）－天蠍座 α 星（東龍七星）；參星－獵戶星座 α 星（西虎七星）。而以北斗栓繫二十八星宿控制整個夜空天穹星辰的運轉。

【良渚文化青玉玉權杖首】

【高 13.5 ㎝／寬 9.5 ㎝／厚 0.3 ㎝】

良渚文化以北斗魁首當權杖首，就如北斗是號令滿天星辰，栓繫二十八星宿的星辰，當然手舉北斗牌可以號令天下。（春秋戰國時，各地方諸侯國會以相對應的天上星辰來代自己方國）。

中間有七道同心圓，代表北斗七星，同心圓周圍有三組半圓形，三組三叉尾形，為三辰星與三辰暑度。

筒狀玉雕有中間圓形，與波浪三道與四脊紋，形成周而復始，循環不止。中間圓形為日為陽為白天，白天四脊紋為魁為陰為夜晚，夜晚三道波浪紋，上下交覆即三陰三陽的古三辰曆。

【高 12 cm／寬 9.5 cm／厚 9.5 cm】

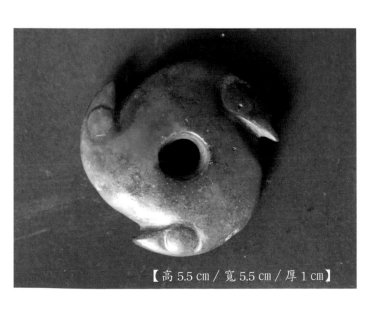

鳥首，日鳥，炎帝圖騰，炎帝系玉璇璣。

【高 5.5 cm／寬 5.5 cm／厚 1 cm】

149

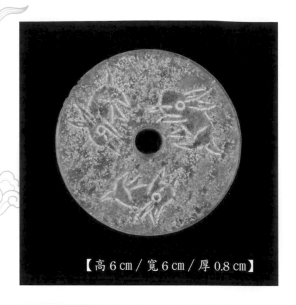

【高 6 cm／寬 6 cm／厚 0.8 cm】

青玉系璧三兔旋轉，逐兔為常羲圖騰，代表月亮，亦是三陰三陽三辰曆。

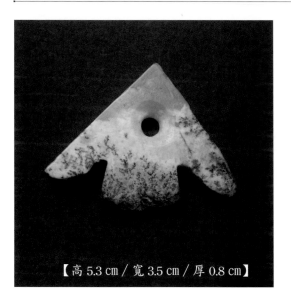

【高 5.3 cm／寬 3.5 cm／厚 0.8 cm】

天穹圖騰如箭鏃，三角形的頭即是天蓋，下方形即是地四方，三角形即是甲骨文六，四方形與三角形結合，即是合，就是六合，天地東南西北為六合，天穹亦是太陽運行的軌道，所以玉箭鏃中間，有一穿孔代表日。此件玉箭鏃天穹圖騰，玉質為和田玉，油脂厚實，石灰沁，螞蟻腳的沁色，全坑玉雕都是小件玉雕，所以應是西北地區，早於馬家窯文化的玉雕。

天穹圖騰如合字，與仰韶文化都屬同期的文化，用同樣玉雕方式來表現，是否南方與西北方文化就在上古時期，就有互相影響？三角形箭頭有日眼，日眼有眼暈代表日。

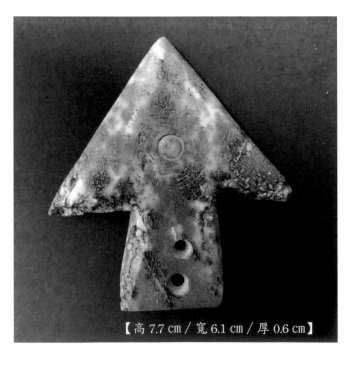

【高 7.7 cm／寬 6.1 cm／厚 0.6 cm】

天穹神，人首穹身，天穹，太陽由東向西，東昇西下，就是天蓋，夜在歸墟沐浴，歸墟形狀即如玉雕上的雙腳形狀。天穹神，胸部有一孔代表日，此件玉雕，代表 500 年前，馬家窯文化時代的居民，對太陽運行軌道的想像途徑。

【馬家窯文化天穹神青白玉】 【齊家文化白玉巫覡像】

齊家文化，目（眼）如日口如月，耳如日暈紋，頭頂中空如斗，此玉雕是為女祖大巫師。

151

【商周時期青玉天穹面具】

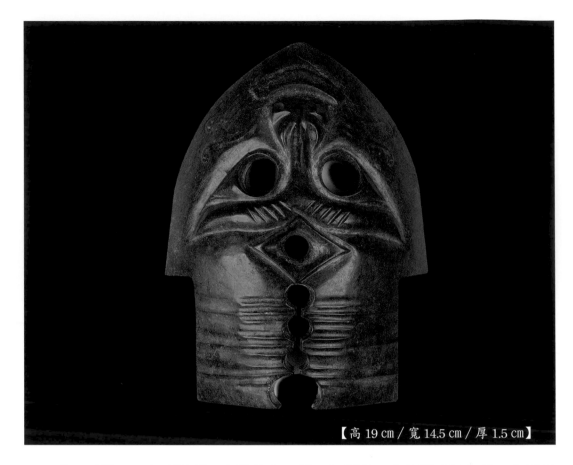

【高 19 ㎝／寬 14.5 ㎝／厚 1.5 ㎝】

　　青玉面具，三角形臉形，有雙龍角，雙日為雙眼，鼻與眉毛以魚首、魚尾形代替，就是弦月的代表，眉毛有五陰刻紋即是日晷紋，代表日出日落的日晷的圭紋。把面具顛過來即是天穹，太陽運行軌跡，△角形的天蓋，方形內有缺口的歸墟，歸墟切口有五個太陽圓圈，最上是菱形中間有圓形，菱形即是太極交午，中間有圓形表示交午之時太陽，日正當中五個太陽，連接的缺口雕有淺浮雕凸起陽紋，即是日晷的刻紋，此面具是商周時期的天穹形狀，可以說是延續仰韶、馬家窯至商周，上古人民對天穹形狀的概念。

【商文化日運行圖】

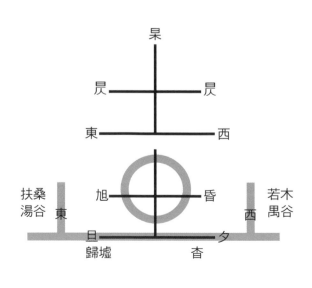

　　日出湯谷，日落禺谷，湯谷有扶桑木，禺谷有若木，夜在歸墟沐浴，歸墟是在地下的大通道。杳－日在木下；旦－日在地平上；旭－九日居下枝；東－日在木中；杲－日在木正上；昏－日在山底下；圭－日晷紀錄。

【蓋：高 11 cm／寬 11 cm／厚 6.5 cm】
【底座：高 16 cm／寬 10 cm／厚 12 cm】

　　蓋：眼如日眉為魚尾，蓋頂為太極日紋，兩側為日晷紋，紋理之中都有鎏銀。底座三足鼎，三足亦是代表三辰曆，獸面紋中間有菱形，是為北斗或太極紋，牛角是為神農氏圖騰獸面紋，其實即北斗獸。

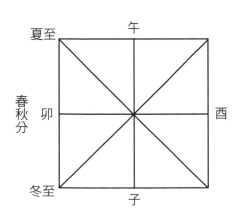

　　《周易‧天文‧考古》P.54，陸思賢著。《說卦傳》「坤為地，為母，為大輿」。「輿」為「輿地」即比喻大地為其大無朋的一輛大車。上裝載著整個宇宙天穹，而天上的日、月、星辰都是由大地母親孕育誕生。小兒「論日」，「日初出大如車輪」可簡稱「日輪」。而日落之太陽圓面也是「大如車輪」，則所論「輿地」確是指大地有兩個「太陽輪子」，一東一西共舉著大地。這商文化太陽光芒玉璧，即說明商文化「坤為地，為母，為大輿」的文化內涵。

【商文化商周青玉太陽光芒玉璧】

　　陰面（下圖）以孔雀石鑲嵌二圖文，一日紋有卯酉線與子午線，一植物有紅果實、七葉片，紅果實代表月，七葉片就是北斗七星。璧如圓形天穹裡，有日、月、星三辰。陽面（上圖）璧外圍一圈，壓地的圈紋，內有輻射狀的十六條淺浮曲線，十六條線紋，代表春分、秋分的卯酉線。夏至、冬至代表地的四方角。子午線卯酉線十字線與冬至夏至十字線，形成八角，再細分成十六道太陽紋。

　　夏至，太陽走至北回歸線，古時人民認為大地至北之地。冬至，太陽走至南回歸線。夏至、冬至，古時人民認為四方大陸的北至與南至。卯線：春分迎日祭典日出之景的太陽；酉線：秋分納日祭典時日落之景的太陽。春分、秋分兩日太陽投影在大地上，即是白天夜晚時間一樣的平均線，即是「天赤道」，是零度（0°）緯線，太陽在赤道上方，夏至午時太陽在上正中天，與冬至子時太陽在下正中天，即冬至子時，夏至午時，太陽由南轉北，由北轉南的「至」點「臨界點」。太陽光芒玉璧陽面有太陽光芒，陰面是日、月、星圖。

【高 28 ㎝／寬 28 ㎝／厚 0.5 ㎝／內孔 5*5 ㎝】

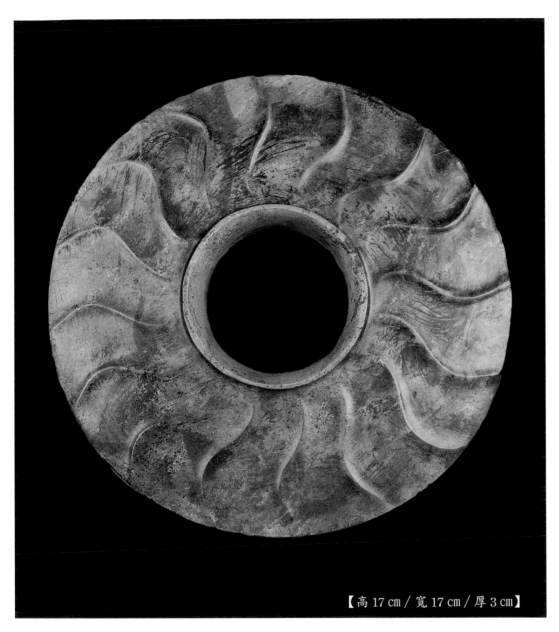

【高 17 ㎝／寬 17 ㎝／厚 3 ㎝】

　　青玉凸唇璧上有十六道淺浮雕線條。玉璧如車
輿，十六道線條如十六道太陽光芒，就是天文紀錄
代表線。可見凸唇璧，凸唇亦是有天文的意義，與
青玉玉璇璣做比較可見：凸唇代表是陽面。此凸唇
太陽光芒玉璧直指「太陽輪子」。輿地的文化內涵。

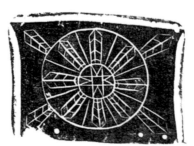

　　圖中之十六道光芒，與含山文化玉版中 16 道
紋是一致的。歷史中的太極四象八卦圖。含山文
化，玉版，八卦太陽曆。與周易相關。周易：易有
太極，是生兩儀，兩儀生四象，四象生八卦。此含
山文化比商文化早一千年，而這些玉璧結合起來還
不如含山文化玉板來的清楚表達。

155

【漢青玉虎首兩人首玉雕】

頭以雙人首為耳，人首背對背。虎首代表為西方虎宮星座，而雙首就是帝嚳二子，逢伯與實沈二人，一為東龍宮的逢伯，一為西虎宮的實沈，二人，互不相見於星空。

【高 6 cm／寬 4.5 cm／厚 2 cm】

【商周青玉圭】

【高 36 cm／寬 12.5 cm／厚 1.5 cm】

　　圭柄為背對背雙人首，雙人首頂合為天穹，圭上三字呂、夕、乍，呂從乙從口，口亦可為四方斗魁乙，即為獸，乙即為斗獸，夕為夜晚，乍，祭祀。雙人首亦是實沈與逢伯，東西星座的二星。此青玉圭為祭祀夜晚星辰的禮器。

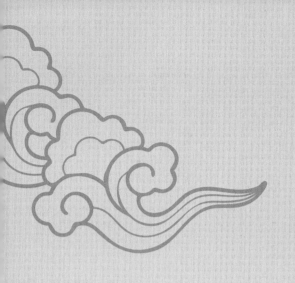

【參】

龍帝

【仰韶文化彩陶瓶】

甘肅博物館藏，彩陶瓶上圖騰即是伏羲龍紋，伏羲龍紋象徵日、月、星辰，天體的律動。眼睛雙圓，代表春半年、秋半年的太陽，亦如太陽在南半球，下中天（冬半年或秋半年），在北半球，上中天，（夏半年或春半年），中間直豎「｜」是為黃道，太陽運行在黃道，日夜時間一樣長，上半年、下半年，時期一樣，橫線，即是東西，代表距離。十，代表宇宙，無限時間與無限距離，亦是交午，即是宇宙循環，亦是太極之道。頭觸鬚向上，代表日由地底向上昇起至

日中天再往下走的日晷，圭紋。就如觸鬚左、右各五橫紋，代表十天干。代表陽。嘴部，半月形，有六顆白牙，代表月、十二地支，代表陰。

ㄩ四角為頭，頸四空格加胸部交叉格紋為五格；代表五星，與頭四星連結成上古北斗九星，現為北斗七星。

頭部與頸部組合即甲骨文斗字ㄚ。胸部：交叉格紋，即是北斗七星控制群星的運行軌跡，即是星晷紋。尾部，只塗黑色，佔伏羲龍的一半代表陰，表示陰、陽循環，陰陽合體生萬物，生生不息。伏羲龍，畫成三角形，代表三辰曆，三陰三陽，伏羲八卦。仰韶文化，西元前三千五百年代的彩陶，上古時期，代表三皇五帝，何時代，無法確定。但目前它是最早的龍的原型。

甲骨文龍字，即代表商時對龍的形象，商甲骨文龍字，從辛（天干）從Ａ（月、地支）從Ｓ（己，太極，北斗七星的循環軌跡）。金文龍字，即代表商周時期對龍的形象，商周金文龍文，從辛（天干）從月（地支）從Ｓ（己，太極，北斗七星的循環軌跡）。地支、月，從甲骨文的Ａ明顯轉變成金文的月，而甲骨文上的Ａ，就要從商前馬家窯文化、廟底溝文化、仰韶文化的彩陶圖文上的雙弦月演變而來，所以Ａ即月即雙弦月，是代表十二地支。篆文龍字，代表春秋戰國時期對龍的形象，春秋戰國篆文龍字，從辛，從月，從斗獸。斗獸：龍的右偏旁即是斗獸，代表北斗，斗獸的來源，亦是從彩陶文化，馬家窯玉器可知 即代表北斗，是斗獸的簡化。亦是己加上鳥首與鳥羽，形成 鳥。鳥 即代表鳥易，北斗易代表己的易經，代表太極之道。龍，隸書字，代表漢朝時期對龍的形象，隸書龍亦從辛，從月，從己，但卻有多種寫法，龍 龍、龍、龍、龍，但其基本內涵即是天干，地支，北斗己比較特殊的有一字以帝代表青的偏旁，所以上古時候帝即是日、月、（天干與月）的組合而成。

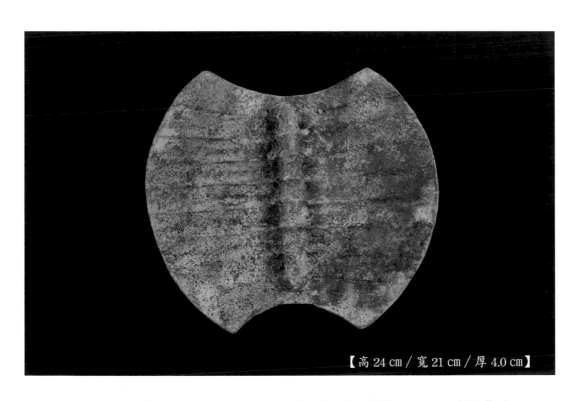

甲骨文	金文	篆文	隸書

龍龍龍龍

【高 24 ㎝ / 寬 21 ㎝ / 厚 4.0 ㎝】

內脊突起，鑽有七孔穿過內脊，而形成孔與平行的橫紋，七孔亦即北斗七星，正反兩面的青玉龜殼，表現出商周時期宇宙觀，天穹如龜殼，而龍即日、月、星（北斗七星）天體的運行，周而復始的宇宙循環。龜殼上緣有二孔與龜內脊的七孔，就是龜殼盾牌，做成盾牌把手的穿孔。此盾牌，或許是巫師的法器，在上古玉兵時期，亦可用做實用盾牌。

159

【高 24 cm／寬 21 cm／厚 4.0 cm】

　　龍紋有三角形頭，圓形的眼睛，身軀以S形的線條來代表。上有四隻腳，尾部魚尾形，代表著商周時期的伏羲龍形象。伏羲，羲者蜥也蜴也，伏羲龍即蜥蜴龍，此商周線形龍即為蜥蜴龍、伏羲龍也，其中隱藏著內涵，三角形的頭，代表著仰韶文化中，太陽鳥，炎帝族圖騰，S形代表太極，宇宙循環，四隻腳代表斗魁四星，魚尾是由上弦月與下弦月合成，即上弦月、下弦月，為月的一循環，亦是地支的概念。

　　己為太乙，周而復始，太極曲線，己，日晷行走的形象，趾形一反一正表示陰陽變化，就是天道。太極（亦是北斗七星春秋的循環，從 尸 與 乙 結合成己）龜背上龍紋，龍首上雙日，身為己形、魚形尾、龜背就是天穹，魚龍負責天道的運行，龜背字：日、月、用。用，祭祀也，易為春秋二季循環，四時變易，天地宇宙，每年旋轉一周便是「易」。

　　伏羲氏，羲是蜥字從「析」的本義，析也，從木從斤，即破木，把木一劈為二，又曰「析也」、「析丹」。春分迎日祭典，把日出之景的太陽，一分為二，「對折」即冬半年結束，夏半年即將開始，亦即春分、秋分、夏半年、冬半年，太陽位北半球與南半球，循環不息永不終止即為「易」。鄭玄說夏日連山，殷日歸藏，周日周易，夏半年，冬半年，四時一周，為一個回歸年，以冬至為起點，中經春分、夏至、秋分再回到冬至，日「周日年」為萬物生命生長的一個周期。

盾面雕人面，頭戴短矮冠。盾內雕有脊狀突出，鑽有三孔，與短矮冠上的二孔，可作縛綁繩索作為手持之用，青玉人首盾牌與青玉伏羲龍龜殼是一對的，所以此人形象亦是伏羲之像，殼內三孔，即上古時期三辰曆，三陰三陽三辰曆，三陰三陽組合即為八卦，為《易經》的開始。一乾 ☰、二坤 ☷、三兌 ☱、四艮 ☶、五巽 ☴、六坎 ☵、七震 ☳、八離 ☲，三陰三陽八組合的變化亦即伏羲始作八卦之意。

雙層璧，外層為日內層為月，三首為參、商、北斗。上古時期的標準授時星辰而且通常都以擬人化來描述代表這些星辰，如參商二星。閼伯，子姓名契，與實沈為二兄弟，二人不合，父帝嚳就把閼伯遷居商丘而實沈遷居至大夏（山西省太原市）堯稱帝後封閼伯為火正，居商丘祀大水（大火星宿二商星）而實沈即西宮白虎星座的三星辰為參星。其實商、參本就同一顆星，因星球位於夜空角度不同，沉於東方，出於西方，沉於西方，出於東方，都是同一顆星，所以二兄弟商、參是不能同時存在一夜空中。雙層璧，外大壁為日，內小壁為月。所以東周三首雙層璧，即天穹上日、月、星的縮影。

【高 4.8 cm／寬 4.8 cm／厚 0.5 cm】

【良渚文化青玉三辰環筒】

　　青玉環筒上有三神徽，三神徽代表北斗、商星、參星在環筒中做一循環，三神徽即是伏羲大帝，其三面像為三辰曆，即代表伏羲，以三辰曆三陰三陽做八卦，良渚文化比商周至少早千年以上，所以三授辰時，加油添醋後就有更加附加的傳說。

【高 13 cm／寬 13 cm／厚 0.7 cm】

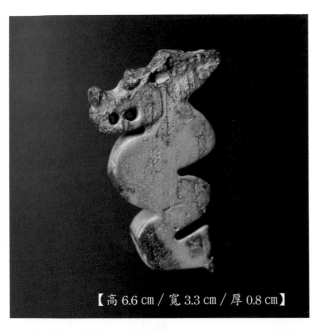

崧澤文化約西元前三千五百年為良渚文化早期，白玉龍，龍首：豬鼻或虎鼻，燧鳥（日鳥）的冠羽，己行的身軀，魚尾的尾部。與商時龜殼背的龍雕文基本內涵是一樣的，代表日、月、北斗為內涵的龍形象。

【高 6.6 cm／寬 3.3 cm／厚 0.8 cm】

【高 10 cm／寬 3.5 cm／厚 0.8 cm】

　　馬家窯文化約與崧澤文化是同一時期。馬家窯白玉龍亦是龍首有鳥喙，燧鳥冠羽，代表日鳥，己形身軀，代表循環的北斗，不明顯的魚尾尾部，代表雙弦月，與商時龜殼圖文龍是一樣，由二件己形龍，可見西元前三千五百年，約彩陶文化末期當時，就把日、月、北斗隱藏為龍的內涵了，一直傳承至商時，還是都保留下來（二件玉龍明顯，鼻子有所差異，虎或豬是崧澤圖騰，鳥是馬家窯圖騰）。

【高 6.5 cm／寬 5.5 cm／厚 1.5 cm】

龜殼上有二商朝商字圖文，"舀"為商字甲骨文，舍吊龜殼商字圖文（甲骨文）。從▽從十從囚，十與北相同是七或行道代表天道運行的太極，是北斗的循環，半與卜即為北，囚是甲骨文丙字，但也是魚尾紋、雙弦月的圖文。△或▽都是天干早字的轉形而成的上昇飛鳥，日即為天干的馬家窯彩陶圖文。仝，即共工氏、伏羲龍的簡化（仝，王大有指為共工氏），亦即是北斗獸紋鳥首，己身魚尾，△鳥首，工，北斗身，魚尾則省略，與龜背伏羲龍紋，商字甲骨文，都是一樣的。

【高 6.5 cm／寬 5.5 cm／厚 1.5 cm】

龜殼背陰刻商時伏羲龍紋，二個龜背伏羲龍圖紋完全相同，可証明商時伏羲龍的形象，是固定統一的內涵有日、月、北斗、S太極。伏羲最大貢獻就是伏羲曆法（太昊易），包括十月太陽曆與十二月太陰曆，以及綜合北斗七星的運行，發明伏羲曆法，又稱太昊易。

【周青玉巫覡祭祀作巫法像】

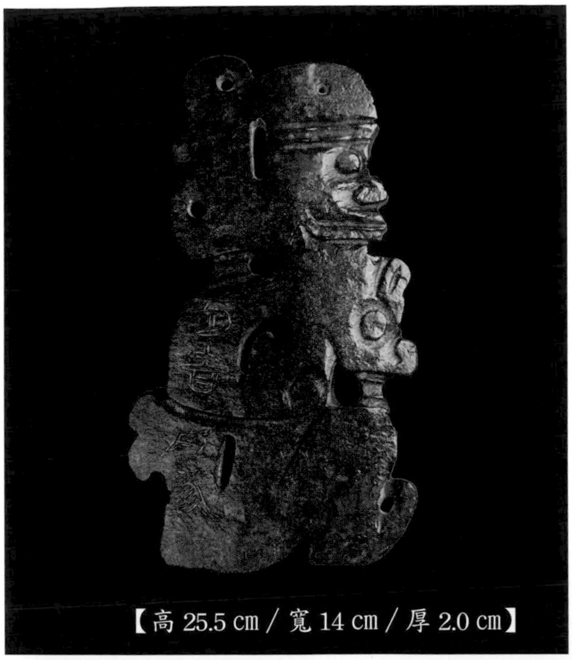

【高 25.5 cm / 寬 14 cm / 厚 2.0 cm】

巫覡手握虎首身蹲坐，仿北的巫法姿態，身背腰部有魚尾狀或雙弦月狀，看起來似乎虎龍，虎首以面具由手握於胸前（有如戰漢時期的方相士）而人坐於獸身上，龍尾部在背腰部。獸身，似乎腰曲如 S 形（左圖）。

【青玉巫覡祭祀作巫法像】

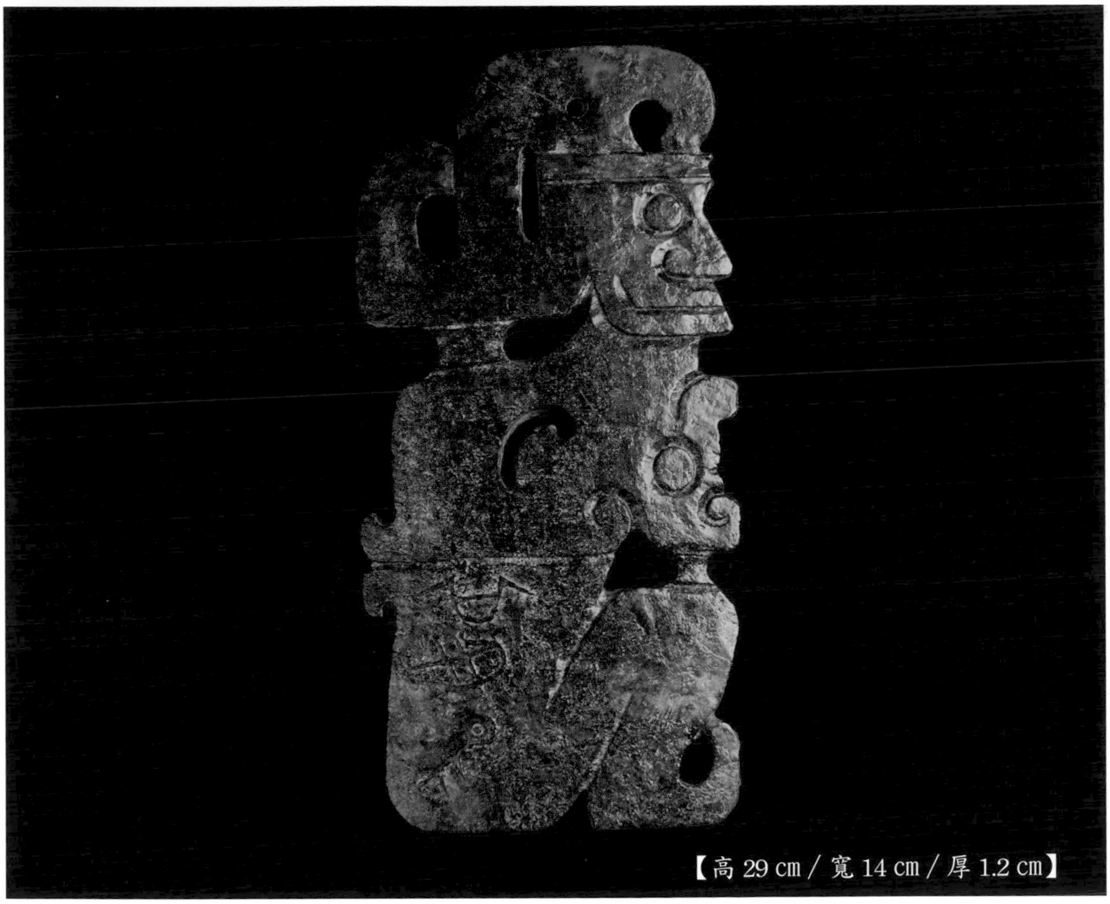

【高 29 cm / 寬 14 cm / 厚 1.2 cm】

巫覡手握龍首，腰背亦有魚尾（雙弦月）。

此二青玉巫覡像與下良渚文化的神徽圖騰比較，頭冠不同外，似乎一獸首正面、一獸首側面、一獸尾（魚尾）在於下（似乎非常重要，必須特別雕出，不然獸尾的位置非常唐突）一於腰背，兩者都是巫覡施巫法之形態。握虎巫覡有四字甲骨文夕、吉、日、豕(斗獸）亦即月、吉、鳥（日）、斗獸，持龍巫覡有三字甲骨文甘（其）、北斗、昊即祭祀北斗與太陽之意。二件周時祭祀禮器對象還是日、月、星斗。

【良渚文化青玉巫覡騎獸施法像】

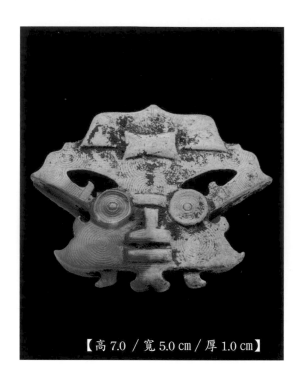

【高 7.0／寬 5.0 cm／厚 1.0 cm】

良渚文化，巫覡仿伏羲祖施巫法像。四方形的面像如斗魁，頭戴鳥羽冠，羽冠代表鳥，亦是代表日，是天穹狀◁▷，此形狀在商朝玉器上是常見的天穹，太陽運行的軌道代表天干，巫雙手控制獸面，雙手扶日（眼睛），有如伏羲祖能控制日的循環，春半年、秋半年的春生夏長，秋收冬藏，年復一年，萬物生生不息。獸面鼻子部分為⊥為甲骨文，土字是地支的代表，底最中間有如魚尾雙弦月狀的突出物，代表龍尾代表地支。巫覡（控制）騎獸，獸首於胸前，獸尾於底部，與上圖周朝巫覡施巫法像比較，有許多相似處。

【良渚文化巫覡巫法像】

【高 7.0／寬 5.5 cm／厚 0.6 cm】

巫覡頭戴鳥羽冠，羽冠如歸墟。

　　兩件良渚玉雕表現著當時四千五百年前對日、月、陰陽的重視，二件巫覡羽冠重組即◁▷有如玉劍具劍格形狀是太陽運行的軌跡。歸墟形羽冠巫師的坐騎應是月獸，下圖天穹狀羽冠巫師的坐騎即是日獸。上圖日獸自夏半年與冬半年，日位於北半球為夏半年，日位於南半球為冬半年。而月獸，鼻似雲紋，其實雲紋是由雙弦月組合而成。鼻子的雲紋樣，即是雙弦月的演變結果，一直至漢代，常有雲紋代表雙弦月的玉雕。

陽面

陰面

【高 8.0 ／寬 5.0 ㎝／厚 2.0 ㎝】

　　崧澤文化約五千五百年前發生，早於良渚文化，約與馬家窯文化同期之玉雕，一面陽面凸出，一面陰面都刻意壓地或凹狀，陽面眼部有日暈。日暈由四個旋轉紋組合。四旋轉紋代表太陽位置，春分夏至秋分冬至為一循環年，人首戴日冠，日冠凸出與反面月冠內陷成對比。陰面眼部直接凹陷而沒有暈狀代表月嘴的部份成方型斗狀代表魁、北斗。凸面有刻紋代表陽，凹面無刻紋代表陰，松澤文化早於良渚文化，細紋部分亦是由鯊魚牙齒尖端雕刻而成，玉雕粗雕外形，細雕紋飾，都沒有良渚文化的精緻，但有良渚玉雕的風格。

龍：龍，立為天干，月，魚也為地支，<偏旁其實為斗獸，甲骨文龍首為天干，A即雙弦月或魚頭，S形身軀即太極。

帝：帝，▽為太陽鳥首，魚形尾，中間十，巫也宇宙也。

商：商甲骨文▽△為太陽鳥，天干，十為宇宙太極，⋂為地支是歸墟太陽地底運行軌跡，是雙弦月的變形。

昊字甲骨文。昊：昊從日從工從入亦是天干地支，圖騰太陽帝（日帝）。工即北字，人即魚尾。

黃帝：黃帝甲骨文，即天干、地支與中間斗魁或十宇宙，圖騰太陽龜（日龜）。

炎帝：炎帝，鬼姓，厶為鳥嘴，儿為魚尾，田，為七星斗魁，所以炎帝隗魁氏，圖騰太陽鳥（日鳥）。

唐堯：唐一甲骨文即天干地支，十為十宇宙循環，太極也。堯圖騰文雙日與六合，爻，也是天干地支，爻易太極循環。

昊 日、斗、月

帝 日、斗、月

炎帝 日鳥

黃帝 日、月、斗（龜）

日軌道 六蓋歸墟

顓頊 日、月、斗

鷔 六合天地四方

唐堯 日、月、斗

虞舜

共工 日斗

后土 六合天地四方

夸父 日人

六合圭

168

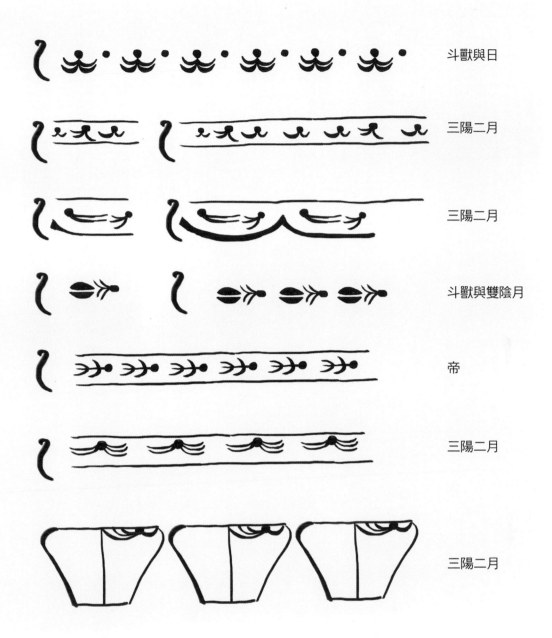

斗獸與日

三陽二月

三陽二月

斗獸與雙陰月

帝

三陽二月

三陽二月

· 大陸學者歸納整理彩陶上的圖
· 三線鳥，代表飛鳥日
· 作者譯：二線月：代表雙弦月（魚尾），斗獸：北，帝：帝（甲骨文）

【戰漢巫師祭祀像】

【持璜巫覡玉刀（左上）：高 33.5 ㎝ / 寬 6.5 ㎝ / 厚 2 ㎝】
【持圭巫覡玉斧（右上）：高 32.5 ㎝ / 寬 11 ㎝ / 厚 2 ㎝】
【持璧巫覡雙弦月劍（左下）：高 35.5 ㎝ / 寬 8.5 ㎝ / 厚 2 ㎝】
【持琮巫覡帚形劍（右下）：高 33 ㎝ / 寬 6 ㎝ / 厚 2 ㎝】

圭、璧、琮、璜玉禮器是古代常見一組的玉禮器，周公制禮作樂（作者認為）為了抹滅商文化，許多商文化到周時都已經被改變本質，「璧」祭天用嗎？那炎帝黃帝彩陶文化的日崇拜呢？商是崇日民族，所以商延續炎帝、神農炎、太陽鳥、黃帝太陽龜、顓頊、高陽氏。等以日為帝的傳統。周為消滅、去除商文化，把璧像日改成像天。「黃琮禮地」因地四方與琮一樣。琮，使用最多的是良渚文化。四方琮是由松澤文化的三角形琮演變而來，而三角形琮是由玉璇璣演變而來，玉璇璣是北斗七星旋轉指揮夜空星斗的禮器，所以琮與玉璇璣是一樣用途記錄，夜空星斗記錄，測量器象徵北斗（斗魁、四方）。

「圭」字義是日晷，記錄太陽運行的軌跡。但如果圭外形是六，六合也，六合天地四方，為六合（合字即是圭的外形），與劍格外形十分相似。但劍格是太陽一日運行的軌跡東昇西落，還有歸墟的形狀描述夜間太陽運行的軌跡。周禮記載璜，以禮北方。璜與虹相似，商甲骨文都與龍有關，怎麼與龜的北方有關？而非東龍呢？巫師祭祀玉刀劍器中，璋與琥通常都消失。如果是天地四方應是六件禮器都有平均的考古數量，璋其實很少見，「虹」字作雙龍首的橋形，是傳承於紅山文化雙龍首玉璜的形象，甲骨文虹（璜）⌒⌒、甲骨文龍 、 、C 形龍 。虹首（璜首）就是甲骨文龍的月部，甲骨文「龍」字的己形身軀，只有 C 形，S 形的一半，所以璜其實是月，虹為雙弦月的演化而已，亦如玉雕雲紋 ⌒。

持璜巫覡日鳥刀：日鳥雕於刀背（日鳥雕法有戰國時期的風格）代表日／持圭巫覡龍首斧：龍頸部有 S（太極、己、北斗循環軌跡）斧與柄及魁與斗柄。代表北斗／持璧巫覡雙弦月劍：雙弦月、上弦月、下弦月代表月循環一周，為一月／持琮巫覡帝劍：帝字即代表日、月、斗。由甲骨文帝字 與持琮巫覡玉雕比較即可知，如同泰一，天帝掌握北斗，控制星穹一樣，亦如良渚玉鉞控制北斗七星一樣，與玉格至劍身，即是帝字的外形描述。

註：《周禮‧春官‧大宗伯》以玉作六器，以禮天地四方，以蒼璧禮天，以黃琮禮地，以青圭禮東方，以赤璋禮南方，以白琥禮西方，以玄璜禮北方。商有類似實物，但考古發掘還沒有成組出現。（可知周禮春官大宗伯以玉作六器是政治因素，為去除商文化而作，以非商或遠古文化的本意）圭（六合天地四方）、璧（日）、璜（月）、琮（北斗）即天地四方、日、月、北斗（星辰），為宇宙循環的周易太極，才是圭璧璜琮的本意。

【良渚文化青玉鉞】

【高 15.5 cm ／ 寬 12 cm ／ 厚 0.5 cm】

　　青玉鉞如干（天干）鉞刃如天穹，鉞有五獸面紋，一神徽，上為日（眼有暈紋），中為月（眼無暈紋），下有三獸面紋（為東宮青龍中，北宮玄龜，西宮白虎），神徽為伏羲帝，太一（北極星），太一控制北斗七星，北斗七星控制東宮青龍、西宮白虎（上古只有三主要授時星辰。後來再加上南宮朱雀）。

酒尊，圓形如天穹，如斗，酒尊由三巫覡為酒尊的三隻腳，來支撐。三巫覡代表東宮蒼龍、西宮白虎、北宮北斗。

【高 13.5 ㎝ / 寬 12 ㎝ / 厚 12 ㎝】

【高 13.5 ㎝ / 寬 11 ㎝ / 厚 11 ㎝】

同上頁良渚玉鉞的鉞面上，三獸面紋內涵，此圓形三腳酒尊，應是祭天、祭天穹之禮器。

【商周時方形青玉酒尊】

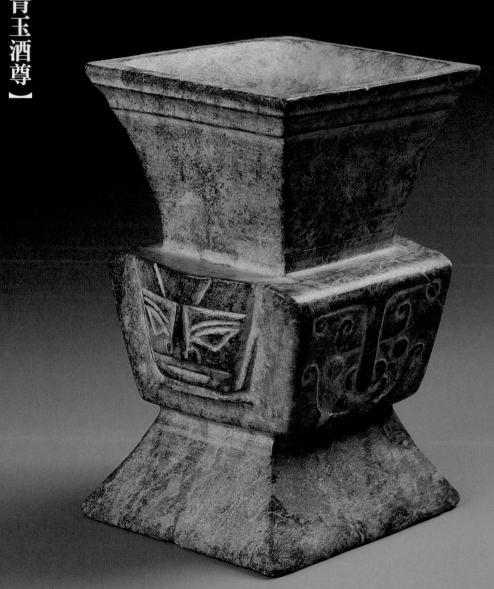

　　青玉酒尊，方形如斗，如魁，酒尊，中間四面雕二人面、二獸面紋，人面方形，如魁／獸面紋亦即魁，北斗獸面紋，而中間，眼如日，鼻如雙月，嘴如斗形，此方形酒尊是祭北斗之禮器。

【高 17 ㎝／寬 11 ㎝／厚 10 ㎝】

【高 18 cm／寬 15 cm／厚 4 cm】

　　伏羲氏，太昊，昊從日從天，天從工從人，日為太陽，以太陽鳥為圖騰，工為北斗的斗魁四星，以獸四腳為圖騰，人為雙半月／上弦月與下弦月，以魚尾為圖騰，把鳥、獸四腳、魚尾圖騰文字化及為昊字。如金文與甲骨文的昊字。

　　巫師，方形臉，頭戴鳥形冠，手垂直向下。方形臉－斗魁方形，鳥首－啄木鳥冠羽，太陽鳥雙手垂直向下－魚尾形亦是如昊字、伏羲氏由圖騰物演化或圖案化演化成文字化，再演化成為形象人物化。

175

【東漢白玉伏羲玉劍具】

《左傳・昭公17年》伏羲以龍紀，因為龍師而龍名。其下臣有飛龍氏、潛龍氏、水龍氏、火龍氏，而其部族有赤龍、黑龍、黃龍、勾龍、應龍都以龍為圖騰，以龍為圖騰大都人面龍身或人面蛇身。【西元前 7724～5008 年伏羲女媧】

　　伏羲承父雷公以龍為圖騰，以龍命百官，伏羲氏始做八卦，大汶口文化時期留有八卦龜卜文化的文物。

　　東漢玉雕，穿璧龍紋，此玉劍具是類似穿璧龍的玉雕風格，東漢玉劍具不似春秋戰國的劍具小，而相對春秋戰國玉劍具是大的。而且裝飾性強，實用性已無。玉劍具上伏羲龍生動流暢，亦是東漢玉雕的風格。

東漢白玉劍珌【高9㎝／寬7㎝／厚3㎝】（左圖）
東漢白玉玉劍衛【高14㎝／寬4㎝／厚2.5㎝】（右圖）

東漢白玉劍格【高9㎝／寬6.5㎝／厚3㎝】（左圖）
東漢白玉玉劍首【高9.5㎝／寬8㎝／厚2.5㎝】（右圖）

⊙ ⌂ ⑤ ⊔ 玉劍具，劍首、劍格、劍衛、劍珌四件一組

⊙ 劍首如日。

⌂ 劍格如六為天穹，是天蓋與歸墟，上天干下地支。

⑤ 劍衛如戉為鉞字，是古歲字，古月字，古矩，古工字，歲古文作推步四時。

⊔ 劍珌如斗。

　　玉劍具如昆崙小宇宙，天穹下有日、月、星。作為推步四時，計算歲時。

　　王大有著《三皇五帝時代》一書，P.140記載：

　　∃為戉（鉞）字，古歲字，古月字，古矩，古工字，歲古文作推步四時成越族以扇形斧或靴形斧成戉的本形，取象天穹，用作規儀，以半月形（半圓）作為周天曆度測繪的工具圓儀，古時持此儀者為帝為王，故王作巨鉞形，此字∃演變成 ↑、T、工，共工氏之「工」即鉞又為巨即∃。

177

【春秋戰國時宋國白玉四玉劍具、春秋戰國時宋國白玉玉劍格】

春秋戰國時宋國白玉玉劍格
【高5cm／寬4cm／厚1.1cm】

春秋戰國時宋國白玉玉劍具

　　魚大夫玉劍具。魚大夫乍。玉劍具是用於鑲在劍或劍鞘上裝飾用玉。玉劍具春秋時極少，戰國時玉劍具尺寸較小，至漢時發展成大尺寸的玉劍具，漢以後就消失，若有漢時玉劍具，通常為唐、宋、明仿品，不是實用物。玉劍具的產生與戰國士大夫、文人皆隨身攜帶配劍作為時尚，就有炫耀的玉劍具產生。

　　玉劍格，四字魚大夫乍，此玉劍具為商裔宋國的玉器，而魚大夫應指戰國時期魚石大夫之魚大夫。此玉劍具為尺寸較小的玉劍具，代表它的年代是戰國時玉劍具，亦符合魚大夫的年代。玉劍具發展至東漢時，轉變為觀賞用的大尺寸玉劍具而非實用器具了。

正面　　　　　　　　　　　　　背面

【高 19 cm／寬 15 cm／厚 6 cm】

　　青玉帝嚳像，方臉，頭髮向上如太陽光芒，雙手扶膝，背有雙翼，表示是少昊族裔。

　　雙翼上淺浮雕四字夕、斗、日（左）告、乍（右）。

　　告 即帝嚳的告。屵是帝嚳繼承母親，陳豐氏在陳倉立中天建木，實行春秋二季太陽曆，所以以「東」、「西」為二分（春分、秋分）的方位座標《三皇五帝時代》P.443，王大有著。

　　少昊於黃帝時代一支西遷甘陝隴東地區。西遷少昊氏入贅有蟜氏，生蟜極，（有蟜氏為帝柱史官，以扶木立極分陰陽），蟜極又入贅陳豐氏女握裒為婚生嚳所以嚳為少昊之孫。

$$昊 = \overset{○}{吳} = \overset{○}{\underset{人}{工}}$$

　　昊、太昊、少昊、伏羲、觀看天穹日月星斗，而作八卦。昊字即是日月斗的組合，如上分解昊字，即日、工、人三字偏旁，工即北斗的北字，代表北斗七星，人字即是魚尾，雙弦月如人形。所以昊即是日、月、斗的組合。

179

【商周時商文化青玉飛翼璧】

雙飛翼玉璧，飛翼即是飛鳥日的圖騰。璧如日，日是由太陽鳥背負，由日出而至日落飛越天穹。璧上有 A、￥、臣字眼（鳥眼）三個圖文。A 即雙弦月代表月如甲骨文龍字的 A，鳥眼即代表日，￥即帝或北字三個圖文，代表日月斗（帝），此玉雕應是 옷上昇飛鳥炎帝圖騰物。祭祀炎帝禮器。

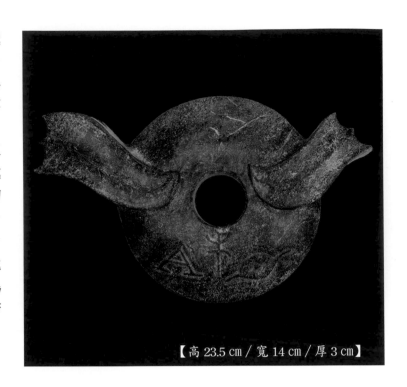

【高 23.5 cm／寬 14 cm／厚 3 cm】

【崧澤文化虎首珮】

【高 7 cm／寬 5 cm／厚 0.5 cm】

崧澤文化西元前三千五百年，長江下游太湖地區的上古文化，粗獷的虎面，簡單雙耳、眼、口與髭鬚，耳、孔用顯桯鑽鑽孔，眼與口的穿孔法是良渚文化鑽孔特殊法。虎首面代表伏羲氏。

【崧澤文化髭鬚氏】

【高 6.5 cm／寬 4.5 cm／厚 1 cm】

髭鬚氏人首，人面為古樸長方形塊狀，冠頸，雙耳，內切以凸出方臉形，方臉、眼、耳、口還有特殊的髭鬚，故稱髭鬚氏（伏羲氏），眼、鼻、口都以良渚文化特殊鯊魚牙的手雕細線紋組合，是很好良渚文化斷代的標準。眼為日為天干，鼻為𠄌為土為地支，方形臉為魁為北斗。

崧澤文化，地方玉，玉質不辨，鬍鬚氏（伏羲氏）。崧澤文化為良渚文化前期。此玉雕人面眼，為特殊良渚文化的人或獸面的眼睛，如黃金四目。頭頂為玉勒子，不知何用？

【高 6.5 cm／寬 4.5 cm／厚 2 cm】

崧澤文化，地方玉，玉質不辨，神冠鬍鬚氏（伏羲氏）似良渚文化的神人徽，神人羽冠，黃金四目的眼暈紋，橫溝細旋紋的嘴形。特殊的鬍鬚，是任何良渚文化玉件中找不到的，但此件玉雕細紋，都是以鯊魚牙手雕出良渚玉雕的斜細紋。此玉件已盤玩許才顯現出的光澤與玉質，未盤玩之前，同上是一樣的。

四件崧澤文化玉雕特殊型式，都一直保留至良渚文化，與良渚文化相比崧澤的粗獷，製作工具的原始都表現在玉雕上，但玉雕技巧、文化內涵都重現在良渚文化玉雕上。

【高 9 cm／寬 4.6 cm／厚 0.9 cm】

181

【商時齊家文化字大、昊、易、天、旬、干，白玉雕版】

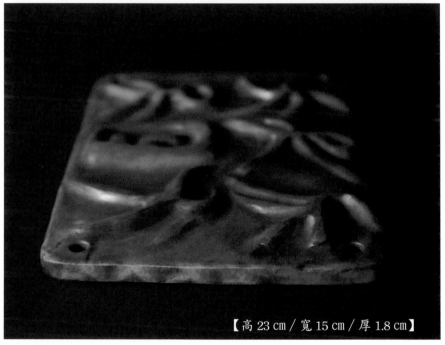

【高 23 cm／寬 15 cm／厚 1.8 cm】

　　白玉雕片雕版，乾淨只有黃褐沁，而沒有皮殼橘紋的產生，可知此件玉版是西北（齊家文化）的產物。（此件玉版上有許多同坑的玉器才能斷代齊家文化）六字深浮雕，甲骨文，甲骨文字都以斜邊的雕刻痕跡。大昊天干都很容易辨別，只有易與旬二字，易字少了鳥首或日，但亦是易字。旬字為十之義，十即以握拳手指內捲，側面的圖形如字即是旬字。玉版四周有繩索固定玉版的痕跡。玉版四角有四孔還有繩索固定玉版於某物之上，可知是實用之器，用於何途有待考証。

【高 13.5 cm／寬 6 cm／厚 1.5 cm】

　　虎頭人身，虎人，虎羲也，伏羲氏的圖騰，虎首，雙眼鏤空，表示為鬼，鬼姓：炎帝、伏羲氏、鬼姓。所以此白玉虎人即是炎帝伏羲氏的圖像，雙手單腳，形如↑即是馬家窯彩陶文化，象徵的日鳥，上昇的飛鳥。而虎首取代圓形的日圖騰，可知虎首即是虎圖騰。上昇飛鳥的虎族，即是炎帝也。

【高 4.6 cm／寬 2 cm／厚 1.5 cm】

　　白玉人像，鳥冠、人面、蛇身。春秋時期，伏羲形象已經是人首蛇身（或龍身）雙耳以雲紋（是雙弦月，魚尾紋變異），長長鬍子，暗指伏羲氏。頭戴鳥冠代表日冠，所以此件人像是有著日、月內涵的伏羲龍。

【戰國白玉牌少昊像】

【高 7.2 cm ／ 寬 3.7 cm ／ 厚 0.7 cm】

少昊，首如日，全身鱗片，上身如上昇飛鳥，腳如魚尾，右腳踏日左腳踩月，雙手捉雙蛇，耳如雙弦月，眼如日，口如斗魁，頭戴方顛，似為大巫神像。少昊氏世與羲和氏常羲氏聯姻，故妻為羲和、常羲，羲和司日世家，常羲司月世家，少昊為三苗九黎君長，神農氏末年與蚩尤、共工、夸父結成炎夷聯盟，被榆國神農氏黃帝軒轅聯盟打敗。

【馬家窯文化白玉炎帝像】

【高 17 cm ／ 寬 6.5 cm ／ 厚 4 cm】

兩眼挖空如日，鼻是日運行的軌跡，口如弦月，頭頂是仿啄木鳥的頂毛冠羽，啄木鳥為燧鳥是炎帝的圖騰。四肢姿勢如斗，頭如斗柄，斗亦是炎帝魁姓的圖騰。所以是炎帝隗魁氏之像。

炎帝隗魁氏，鬼古字無厶，後來 加厶為鬼字，厶為鳥喙，啄木鳥（燧鳥）鳥喙代表火，代表太陽，鬼字上一ノ，為啄木鳥類特有的冠羽，有冠羽鳥類後來歸類為朱雀。鬼字田，從囗從十，囗為地為斗，十為七為亞，都有旋轉宇宙、太極之意，所以魁，即加斗，鬼下儿偏旁，即是魚尾或人腳。代表雙弦月，代表月，代表陰。

炎帝系世宗祖譜《三皇五帝時代》（上）P.188～P.196，王大有著。

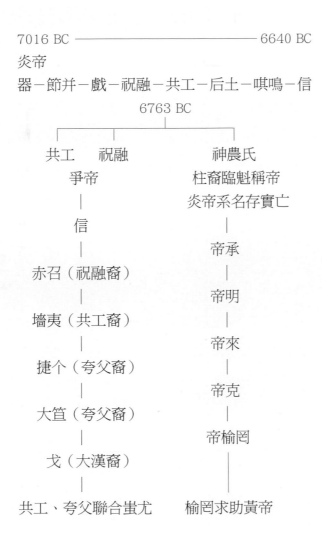

6560 BC 涿鹿阪泉大戰，蚩尤夸父敗，黃帝榆罔勝，榆罔立 55 年被黃帝降封
洛水上游，祈村灣，盧氏城，失帝位。神農氏天下亡矣。神農系與炎帝系即四處
遷移。

《三皇五帝時代》（上）P.190，王大有著。

炎帝系，是母系社會，是社族關係並非直系傳承，傳至祝融與共工時，相爭
為帝，諸侯反叛。臨魁稱帝（臨魁，烈山氏之孫，柱之子，柱為稷官田正）天下
諸侯咸歸，天下號農或曰神農，從此炎帝帝號雖有，但名存實亡，炎帝氏族分裂
為東西二部，西為炎帝魁隗氏裔，東為神農本部，臨魁是觀測北斗星勺口所封，
北極星為魁隗氏之斗。

【高28㎝／寬17㎝／厚13㎝】

【商時紅山文化青玉日型鳥龍炎帝龍】

鳥首日龍，鳥喙，紅山C型龍頂冠羽或馬鬃毛，本人定為啄木鳥的冠羽，為羌族文化中，髡髮的樣式。頸部有狗首或虎首，尾部有方格紋與三線紋，尾在向上內捲成日字的形狀。

鳥首龍即伏羲裔的鳥族部落圖騰，背部獒犬首，亦是代表伏羲氏。尾部圓柱方格紋表示北斗星晷紋，三線形翼是太陽鳥翼代表太陽，此件日型捲尾鳥龍看似唐突，有著不完美的外形，附著狗首、鳥翼、馬鬃。這些附著的圖騰物並沒取其精髓，而融合在整件鳥龍上，所以看起來唐突並不完美。不完美的附著圖騰物的龍，在歷史上並不常見，在商時尚有這種形態的龍，商後幾乎都是以融合形式的龍存在。融合式的龍北字轉變成龍角，日鳥則以鳥羽代表，鳥羽又雕成龍鱗，月成隱喻成弦月又轉變成魚尾。魚形雕在雙眼之上整體看起來是協調融合的，是一件動物的雕刻，而附著式的鳥龍背的狗首，並無法與龍身融合。尾部有翼狀物亦是，以附著式的鳥龍圖騰並沒有融合成鳥龍的藝術美感，所以附著式的圖騰物雕刻像，就在歷史中消失，保留融合式的圖騰龍。

【高 14 cm／寬 12.5 cm／厚 5 cm】

羊首龍身，龍身代表帝身，羊是姜，羌族的圖騰，炎帝，既是羌族又是帝，所以羊龍即是炎帝的圖騰龍。炎帝，羌族又是燧鳥、日鳥圖騰的主人，所以燧鳥龍（燧鳥有烈鳥冠）亦是代表炎帝。

【高 13 cm／寬 6 cm／厚 4 cm】

頭為斗柄，身與四腳如斗魁，頭雙眼圓形鏤空表示鬼，又似日，嘴雕刻成弦月，半月狀，頭頂以啄木鳥冠羽代表此斗獸即是魁的圖騰獸。

立人，無鼻無口，兩眼挖空，嘴如鳥喙。雙手抱於腹部，特別馬家窯人獸都有挖空雙目，代表的是鬼、骷髏，亦代表炎字，雙日、雙火之意，雙日內函春半年、秋半年，為一年的太陽軌道運行。炎帝啄木鳥圖騰，是因啄木鳥啄燧木而有火花，引起炎帝的發明火，所以炎帝亦以啄木鳥為圖騰，此立人像代表炎帝像。

【高 15 cm／寬 6.5 cm／厚 3.5 cm】

【高 25 cm／寬 25 cm／厚 0.7 cm】

【商周時商文化青玉祝熇大璧】

青玉璧有四字甲骨文二圖騰文。圖騰文，為帝祝熇。

黎圖騰甲骨文 ⋂，黎，祝融之黎也。

⋀ 是天蓋。代表「帝」代表天干。

⌻ 是歸墟，太陽晚上休息、沐浴的地方，是夜間運行軌跡代表地支。

ᗡ 代表冬半年、夏半年太陽的運行。

⌂ 太陽運行的軌道，代表天干、地支，其內涵由來至彩陶文化太陽鳥與彤魚圖騰。

⌂ 此一圖騰，有熇字，有太陽運行於天上、地下的軌道，又是一張人臉，它就是祝熇帝圖騰。

祝熔司鑄犁，為火正，後世黎為炎帝之佐，所以又為鑄融。遂為「祝融」為「黎」。

【高 14 ㎝／寬 14 ㎝／厚 9 ㎝】

　　青玉鼎如獸形，雙耳、大臉、四腳，耳部有三線紋代表連山，為連山氏鼻子，△代表天齊，兩者合為祈連山（王大有書釋）亦即炎帝，即太陽鳥圖紋。正面有獸面紋。獸面紋與青玉祝煹大璧比較，即可知獸面紋為煹字甲骨文，所以此青玉鼎是祭祀炎帝系祝煹帝的禮器。

【戰漢巴蜀文化青玉祝融像】

【高 8 cm／寬 3.7 cm／厚 2.8 cm】

祝融像，頭戴北斗角冠，手握雙燭龍，代表蜀龍；蜀龍，巴蜀地區的先祖。

《史記‧楚世家第十》楚之先祖，出自帝顓頊高陽，高陽者，黃帝之孫，昌意之子也，高陽生稱，稱生卷章，卷章生重黎。重黎為帝嚳，高幸氏火正，甚有功能光融天下，帝嚳命曰祝融，共工氏作亂，帝嚳使重黎誅而不盡，帝乃以庚、寅日誅重黎而以其弟，吳回為重黎後，復居火正為祝融。祝融即火神，即為燭龍，即蜀龍。

【燭龍祝融商周時期三星堆文化青玉面具】

【高 16 cm／寬 4.5 cm／厚 1.3 cm】

縱目是三星堆文化的特色，縱目其實是雙眼火把又是雙眼如日，如燭火，嘴巴雕成月狀，而背部刻成圓斗狀，雙耳有◡◡，太陽運行的軌跡圖。三星堆縱目面具即是炎帝系祝融像，背面半圓挖空內凹，是放置於圓形圖騰柱上，以供人祭拜。

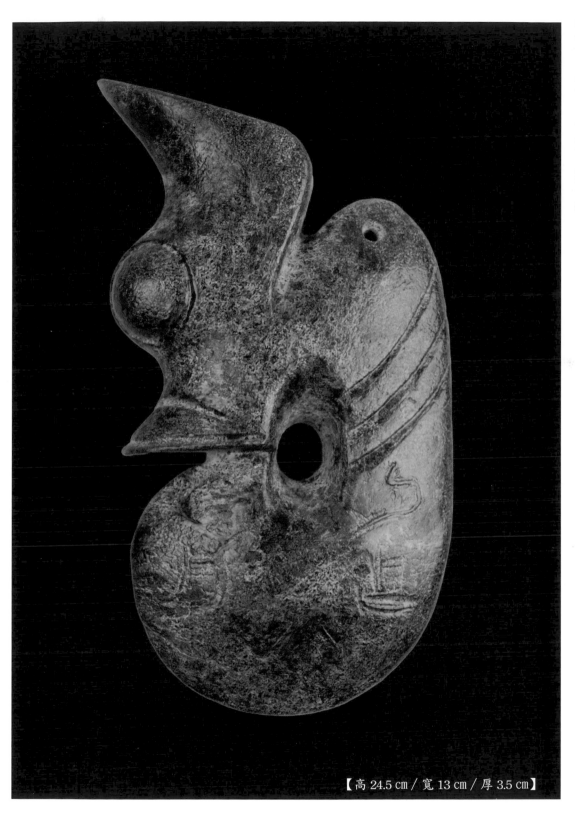

【高 24.5 cm ／寬 13 cm ／厚 3.5 cm】

　　共工龍，龍首成 ョ 甲骨文字，為戊字，背部有 彡 的陰刻平行紋。龍尾捲曲成龍胎形態。 ョ 即為工字，工與 彡 結合， 𝕴 ，即是古文的工字，所以此件青玉龍即為共工帝的圖騰，共工龍。工，矩也，量天尺，能量宇宙萬物。 𝕴 是日晷，圭紋，川與中間孔洞結合即是 𝔁 ，即是太陽鳥，所以此龍是炎帝系（太陽鳥）共工氏，共工帝也。

【馬家窯文化獸首工字青玉雕】

【高 10 cm／寬 2 cm／厚 1.5 cm】

　　獸首，簡單雕工不知何獸首，何獸首，應是啄木鳥，頸部似啄木鳥羽冠。工字，明顯確立為共工的圖騰。

【馬家窯文化白玉工字獸】

【高 7.5 cm／寬 2.5 cm／厚 1.5 cm】

　　工字獸，獸首不明顯，工字身與獸尾明顯可見，兩玉雕都是馬家窯文化時的主人，共工氏民族的圖騰。

【高27cm／寬18cm／厚1cm】

　　圭形，即是六合天地東西南北四方，即是六合。鉞之下有三圓璧，圓璧上各有日、夕、仝三字，即日月北斗位在六合之中，仝為共工圖文，又是斗獸。圭即六合的形狀，而圭尖首圭底有二平行紋，所以此大圭即是共工氏黃帝，黃甲骨文 ，即是共田，田放中間，那共工組合，工放中間即 ，个為日為鳥，∧為雙弦月為魚尾，為斗獸為鳥首斗獸，為鳥首北字，如商字 或，即如日、月、斗大圭外形 ，即是祭祀共工氏的禮器。

　　三星堆金沙出土之金斗獸形器，可以証明金斗獸鳥首雙日目與鳥嘴，而身體為仿北形狀可証明為斗獸。而仝，工字與仿北形狀是相同，而 ∧ 即是飛鳥的簡化，這可由彩陶文化的飛鳥日可知，

　　即飛鳥，故仝即日鳥炎帝系共工帝，亦是北斗獸，所以仝即如金沙中的斗獸，代表北斗，日、月、斗位於六合三中代表整個宇宙。∧連山共工共古文《三皇五帝時代》P.415，王大有著。

三星堆博物館存

【商周青玉圭】

【高 31 cm／寬 11 cm／厚 2 cm】

圭外形如合，即六合，天、地、東南西北，即是六合，圭柄上有雙弦月，斗魁，鳥翼的代表圖騰，表示天穹下日、月、斗，圭面上有三字，仝、至、白，乙為斗獸，此青玉圭亦是祭祀共工的禮器。

商末周初青玉雕版圖文：

凸 夸父族圖騰

⊗ 夸父帝入日

赤 日鳥干 小 于天干

屶 北斗地支 ㄴ 。

【商周紅山文化青玉「我」武器】

【高 23 cm／寬 15 cm／厚 1 cm】

「我」，武器，以夸父 凸 圖騰為圖本雕刻而成的「我」武器，中間以夸父入日，圓形為日，中間為夸父。左右各有老虎護日，夸父族，祖先聖地是禺谷，太陽從西方禺谷進入地底。西宮白虎是現有護日進入地底的功能，下有十支齒狀物，代表日晷圭紋，十天干的太陽曆，此為此件「我」武器（紅山文化）的天文密碼。

【高 6 cm／寬 6 cm／厚 1.5 cm】

大人國，夸父族，夸，大也父，美男子也。大人，入日即是夸字。

大人 → 夵 → 夲 → 夸 。

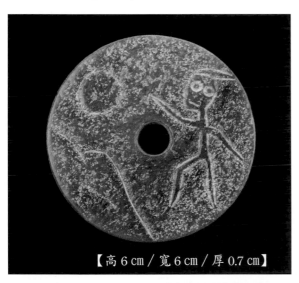

商末周初青玉系璧圖，一日一山一人作奔走樣，人向日方向奔走，似乎在追日。（古時，玉是神物，是與神溝通之物，是神享食之物，雕在玉上必是神的事跡）

【高 6 cm／寬 6 cm／厚 0.7 cm】

青玉系璧上，淺浮雕三圖騰文，與一人物三圖騰文，一夸父圖騰、一入字、一日字，一人物頭戴牛角，一手向前一手向後，一腳向前一腳於後，作奔跑狀，夸父族，為大人族，善走與日競逐，欲追日。

【高 6 cm／寬 6 cm／厚 0.7 cm】

【夸父圖騰 ⚹】

夸父圖騰 ⚹，太陽由湯谷上昇（東方），夸，東宮蒼龍外形，由禺谷（虞州、虞谷）入地，虞谷西宮白虎星座鴟觜，參星的形狀，似父的外形，夸父二字即是描述夸父圖騰，東方湯谷、西方虞淵又有東宮蒼龍、西宮白虎的內涵。

東宮蒼龍（夸）西宮白虎（父）

西方禺谷，最後夸父追日，入日之地，所以禺谷是夸父族聖地。

商王族以玄鳥雈（角鴞）為圖騰（下圖），夸父族為商代一方國。干即天干即日所以是相同的圖騰，所以商王族有夸父祖圖騰，還有共工日圖騰 ⚲，此商王族是炎帝系後裔。

《中國天文考古學》P.416，馮時著。

商王族以玄鳥雈（角鴞）

【商紅山文化青玉夸父像】

【高 20 ㎝／寬 11 ㎝／厚 7.5 ㎝】

夸父像一手持木柱，一手摸後腦（就是馬家窯白玉猴子一樣的姿勢），（背後像）背部有「个」在肩背上，甚為明顯，與下雙猴圖比較即知夸父像是猴面，可確認，此件青玉人像即是夸父像。

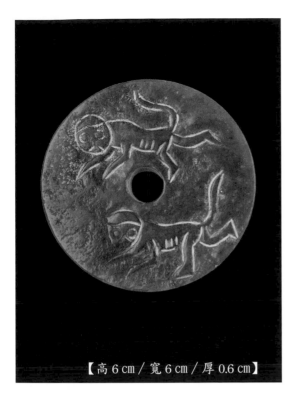

【高 6 cm／寬 6 cm／厚 0.6 cm】

雙猴圖，猴首與夸父人首一樣的外形。

夸父：我們祖先以祖猴為圖騰宗神，猴性喜桃，桃木有靈性，精怪鬼魅皆懼，以桃名水，故水名為洮。臨時仰觀俯察，以正日、月星辰七正，所以桃都都名臨洮。夏祖猴神像亦我祖先神像，我夸父個個身材高大魁梧，長足善走，疾行敏捷，象狙父猴性，所以這夏是我們夸父人的圖騰祖先像。所以夏河、洮河兩大河是夸父祖地，夏河、洮河旁的靈台，就稱臨夏與臨洮，二部，後於甘肅，洮河即發現辛甸文化（是延續仰韶、馬家窯、齊家文化），載有「夸父逐日景」。《三皇五帝時代》（下）P.274，王大有著。

夸父史跡岩畫大體分四類：

一類：夸父與太陽合體人面像人面桃形－猴桃所象。

二類：夸父與猴面或猴面鳥形。

三類：鳥載日出桃都湯谷；落日禺谷夸父太陽曆圖。

四類：夸父與桃都桃林扶木結合。《三皇五帝時代》（上）P.283，王大有著。

【高 20 cm／寬 11 cm／厚 7.5 cm】

《三皇五帝時代》（上）P.165，王大有著。夸父山，位於桃林塞的「个」字中心「｜」上。這是秦嶺一條支脈一個山峰，位於桃林塞最高點，夸父山下有夸父營，北有廟底村建有夸父廟，「个」就是「夸父逐日」，步天測得春分點和秋分點所，即太陽一年中日夜平分，故稱陽平。

【馬家窯文化白玉猴】

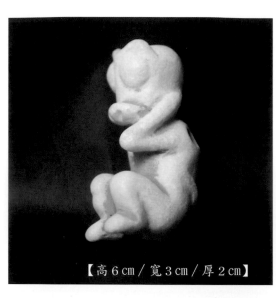

【高6cm／寬3cm／厚2cm】

白玉猴，左手姿勢與紅山文化夸父像左手姿勢是一樣的，在人類行為少有左手放置後腦，而這種動作是猴類常做的行為。

四川金絲猴（圖片來源：達志正片）

【馬家窯文化白玉立猴玉雕】

【高12cm／寬6cm／厚4cm】

白玉猴與四川金絲猴極為相似。

禹生於四川岷山茂汶，羌族石紐「禹父鯀者，帝顓頊之后」。鯀娶于有華氏之女，名曰女嬉，鯀妻有華氏女修己志，是高辛氏帝嚳的女兒，又是茂汶羌族，炎帝共工氏黑蛇部修己氏的女兒，固禹母的父家是帝嚳有華氏，母家是鬼姓共工修己氏。「成都載天山」就是今日四川成都，載天山就是設立石表天干的靈山天文台，茂汶、黑水、邛崍山（共工氏居邑）、日落禺谷，都是夸父所轄之地，故名為「夏」，禹生在夸父的夏地，剖腹名「刳」也正沿襲了夸父族的習慣。《三皇五帝時代》（下）P.496，王大有著。

也就是說禹是帝夏夸父的后裔，生於帝夏之地，長於帝夏之地，又為帝夏后裔，固名「夏后氏」，正因夏后氏為四川夏地，所以夸父逐鹿之戰戰敗後，遷回甘肅與四川成都載天山，此時夸父像，猴祖即為四川金絲猴。

馬家窯白玉猴，以挖空的穿孔表示雙眼，代表炎帝系的鬼姓，嘴以鳥嘴形成，來說明鬼姓炎帝以啄木鳥、燧鳥為圖騰，猴雙手舉起，仿北斗又是巫師作法的手勢是為魁，所以此件白玉猴是隗魁氏炎帝系族，猴圖騰的夸父族大巫師。

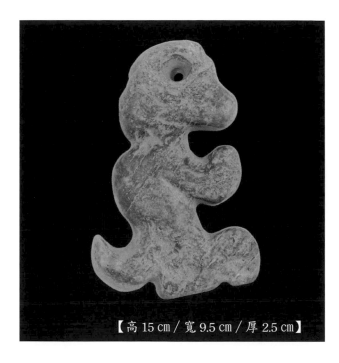

【高 15 cm／寬 9.5 cm／厚 2.5 cm】

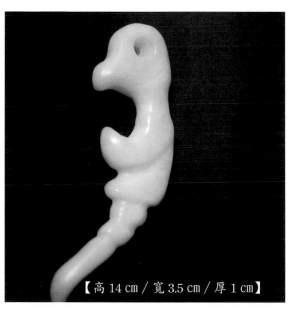

【高 14 cm／寬 3.5 cm／厚 1 cm】

白玉猴亦有著隗姓的挖空雙眼，燧鳥（啄木鳥）的嘴啄，仿北斗（魁）的手勢，長長的尾巴。

兩件不同的玉猴，描述著相同的傳說炎帝（隗魁氏）族中的，猴圖騰族的作法大巫師的夸父像。

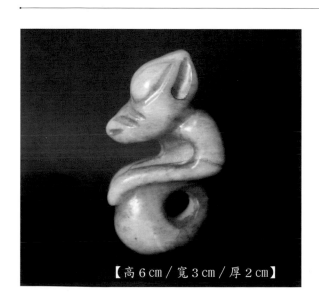

【高 6 cm／寬 3 cm／厚 2 cm】

白玉猴首龍身，即猴圖騰的猴族首領的象徵，猴龍即猴帝王，以猴為圖騰又是帝王的只有夸父。《大荒北經》記載：「夸父大量力欲追日景，逮之于禺谷，將飲河而不足也，將走大澤未至，死於此。」《列子·湯問》：「棄其杖，尸膏肉所浸，生桃林，桃林彌廣數千里焉。」足以說明夸父即以猴為圖騰，以猴龍為其帝王的象徵。

【馬家窯文化白玉猴首半月雕像】

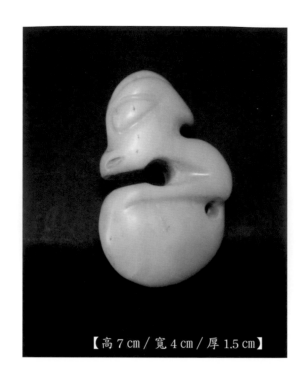

【高 7 cm／寬 4 cm／厚 1.5 cm】

夸父，洮河部與涇河部同時在此地，與少昊、常羲、聶耳國成聯姻部。常羲玉兔部入贅洮河部，所以此件猴首半月玉雕，即是夸父常羲玉兔聯盟的玉雕像。（常羲玉兔司月，以月為圖騰）。《三皇五帝時代》P.280，王大有著。

【商時齊家文化青玉猴（紅化）】

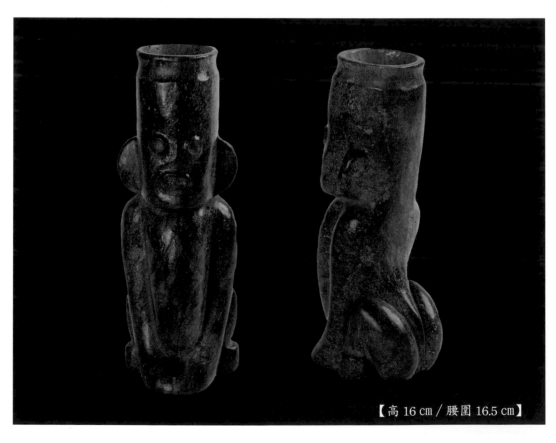

【高 16 cm／腰圍 16.5 cm】

齊家文化，頭頂挖空如斗，雙耳如半月，雙圓眼睛如春半年與秋半年的雙日眼。此件青玉猴隱含帝密碼，日、月、北斗，必是上古的先帝，傳說時代的圖騰物，齊家文化保留許多馬家窯文化，所以應是與馬家窯文化猴石雕，同一傳說的圖騰物，那就是夸父圖騰物了，夸父族與少昊常羲聶耳國玉兔部聯姻。猴即夸父。猴耳大如雙月耳，即常羲（月）聶耳國（大雙耳）玉兔部（月），此玉雕表現方式與馬家窯文化猴首半月雕像不同，但都是猴與月的聯姻圖騰。

蚩尤氏有三支，也就是三苗，《說文》「尤」異也。異頭上插羽毛都是三苗族裔特徵，即是翼字冀字，蚩尤氏首領都戴這種王冠，這種有三根或五根的羽毛冠，稱苗冠，三苗冠或三毛冠，如蚩尤的屮字。蚩尤氏主要居住古冀州一帶，為保護家鄉戰死中冀之野，異與黃從田從共，黃字甲骨文 尖 矣，黃與鬼同，從田從 仌（鬼為 畀），所以異、黃、鬼都是上古伏羲女媧族裔，蚩尤黎苗氏，伏羲女媧族裔少典氏生炎黃，蚩尤、炎帝、黃帝都是上古時期的帝王。

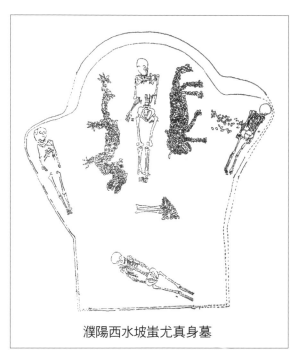

濮陽西水坡蚩尤真身墓。墓主人尾椎四，腰椎五，胸椎只存上三下二，中間少了七個胸椎。肋骨、胸椎被利器膏整砍斷，斷足殘趾。上古西元前四千年，蚩尤墓即是當時天穹的概念，左湯谷，中間為天蓋，右為禺谷，地平四方。天穹之頂為上谷南方，地為北方，以青龍為東方，以白虎為西方，斗與斗柄為北方，斗柄指為龍方（東方）。《三皇五帝時代》P.226，王大有著。（如今日棺木兩端外形象徵人死後回歸天穹之內，這就是中華民族喪葬文化、生死內涵。）

濮陽西水坡蚩尤真身墓

【高 13 cm／寬 8 cm／厚 4.8 cm】

【馬家窯文化岫岩玉蚩尤首】

蚩尤，首如天穹，湯谷天頂禺谷，雙眼如雙日，夏半年冬半年，嘴如弦月，粗獷的雕工，顯得玉器的古樸，此為上古時期的玉雕，聊聊幾筆雕刻表現出想要的意象，此為五千五百年前的玉雕刻人首，像與不像，已屬難得。

【高 19 cm／寬 12 cm／厚 1.7 cm／刃部 0.2cm】

【商周時商文化青玉鉞】

　　青玉鉞，三孔三弦為三陰三陽，六合曆，左右各有一 S 人首螭龍，是蚩尤龍，脊宇鳥首，蝴蝶媽媽翼鳥首以半弦月為蝴蝶觸角，鳥首代表日，身體以葫蘆身，代表盤古氏裔，鉞代表權杖，形式代表北斗。北斗青玉鉞為三苗蚩尤族首領的權杖或法器。

　　蚩尤：古帝，出自羊水，姜羌別支，自姓闞。始祖母曰妹榜妹留，蛾母羲皇生人皇姜央伏羲，為人方，在泰山齊地，建立三苗九黎聯盟，建立冀州天齊國，稱靈威仰蒼帝。蚩尤以黑蛇為圖騰，本字作鵂，本是人方仇夷圖騰，仇夷又名九河神女，也就是苗族楓香氏與榜香氏，漢族稱為華胥氏。蚩尤二字正義作「優異」、「優秀」解，蚩尤是伏羲氏後裔修族嫡系傳人，所以風姓，以楓香樹為社樹，尊母羲皇為蝴蝶媽媽。姨母則作「鵪鶉媽媽」或「雞嫗媽媽」。

　　山西吉縣，柿子灘崖畫，新石器時代遺跡，蚩尤天一星圖。崖畫上有七顆星，代表北斗七星，下有六顆星，代南斗六星，中間有斗魁與斗柄，而人形似乎是蝴蝶或飛蛾，若以此人形與馬家窯彩文化的人蛙形比較，即可知此人形亦是斗獸的北字，巫師仿北字的施法形象，而人首部即是柿子灘部落族群的形象圖騰。人形有蝴蝶或蛾的觸角，人形的雙腳比較像蝴蝶。所以此崖畫是紀念蚩尤先祖之畫像。

左：獸面紋，以北斗為眼睛，以△為鼻，△代表鳥或日，以上弦月為嘴。中：人身羽翼，葫蘆身，蝴蝶媽媽脊宇鳥。下：舞，祭祀舞。

【高 31 cm／寬 6.5 cm／厚 0.4 cm】

黃帝，黃甲骨文 史、申；炎帝鬼姓，鬼甲骨文 界、罗；蚩尤，異或翼甲骨文 美、翼、冀，三帝都是一樣組合，神農氏發明以牛耕田，所以以牛為圖騰，蚩尤，戰神，戰時戴牛首面具，所以亦以牛為圖騰，神農氏以鷰鳥、彤魚為圖騰，而蚩尤是以雞宇鳥與蝴蝶媽媽為圖騰。此件青玉琬圭，以牛首面具即是牛圖騰，史，身體雙手似飛鳥，鳥圖騰，大圓肚子即是田字太極，循環北斗。尾部最像飛蛾或蝴蝶尾部，而不像雙弦月的魚尾，所以此件琬圭是祭祀蚩尤的琬圭。

【高 31.5 cm／寬 11 cm／厚 1.4 cm】

【高 22 cm／寬 15 cm／厚 1.5 cm】

【商周青玉雕版】

　　青玉雕版二舞人，舞人頭戴面具，頭亦戴羽毛，雙手一舉上，一下擺，跳舞之姿，雙腳合併，如飛行之舞姿。舞人頭戴羽毛的形狀有 ￥ 即北字，ﾖﾄ 顛倒即是日暑的圭字。

　　邨和尤帝是冀州的開僻者，是冀州的土著，是華北平原北部冀州的帝王。蚩尤氏，有三支，也就是三苗，蚩尤戰死於中冀之野，是為保衛家鄉故土而貢獻生命，是東夷民族的英雄，亦是三苗九黎的民族英雄。蚩尤「尤，異也」異就是苗、冀、翼是一個頭戴鳥形皇冠的首領，雕版舞人圖如翼之舞人。《三皇五帝時代》（上）P203。王大有著

　　「翼」與「冀」本同源，後分化。異既是聲旁亦是形旁，即「戴」表示披戴面具。翼表示披羽裝嘗試飛行。

　　翼，金文 𦐧 = ﾖﾄ + 𤰞 + 人 。𦐧 = 飛 + 𤰞 。

【高 13 cm／寬 12 cm／厚 11 cm】

罐融合圖騰物於其中，所以青玉罐看似乎是一隻鳥，有首無喙，有短小雙翼，翼如日晷，有五線紋。罐側面有頭戴牛角，雙耳如弦月（如載勝）的蝴蝶。所以青玉罐，似乎是苗族文化中雞宇鳥、蝴蝶媽媽、頭戴牛角的先祖蚩尤。如苗族古歌：楓樹心樹幹，風樹心生妹留，楓樹幹生妹榜。意思：楓樹心樹幹，生蝴蝶媽媽，蝴蝶媽媽生了十二個蛋，經雞宇鳥悉心孵養十二年後，生了十二個兄弟，姜央、雷公、龍、蛇、象、蛇……牛等十二個兄弟，姜央為苗族遠祖。

【高 19 cm／寬 13 cm／厚 6.5 cm】

　　蚩尤戰神，頭戴牛角面具雙牛角，手持長劍，腳為鳥爪。背有鳥翼，鳥翼上有十二個圓圈，如鶄宇鳥，十二年後，生十二個兄弟的傳說。中間四羽毛代表北斗魁，位正中。長劍五刻紋是十天干，位背底有長羽六圓圈代表十二地支，此為蚩尤戰神的玉雕像。

205

【商時紅山文化青玉牛面我刀器】

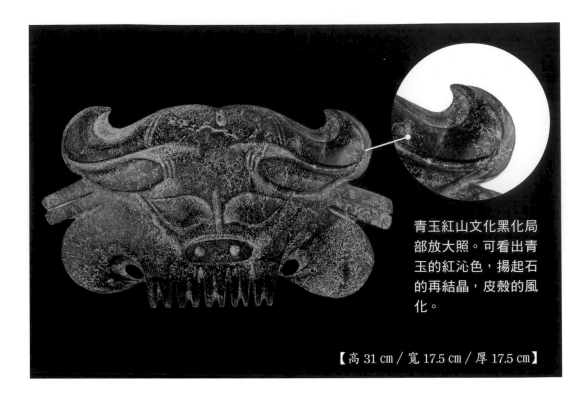

青玉紅山文化黑化局部放大照。可看出青玉的紅沁色，揚起石的再結晶，皮殼的風化。

【高 31 cm／寬 17.5 cm／厚 17.5 cm】

蚩尤戰神，神化成銅頭鐵額，八肱八趾，人身牛蹄，四目六手，食沙石子的戰神。此紅山牛面我（我刀鉞的一種）牛面我，四周鋒利，至今都可砍斷小樹枝，牛牙雕成十個鋸齒狀，有如鋸子，在古代當時，玉兵時期（沒有銅鐵時代）可說銳利無比的砍劃武器。牛面我，牛軀雕成正面扁平化，雙腳，位於臉的兩側似牛蹲狀，隨時起而攻擊的氣勢。

【商周時商文化青玉系璧】

【高 6 cm／寬 6 cm／厚 0.6 cm】

青玉系璧，壓地隱起淺浮雕三圖文。圖一人，首雙圓，如日有暈，暈一日月氣也，從日軍聲《說文解字》。「軍」字從車，寓意運行于天的「太陽輪子」，源於觀象者觀測日出之景或日落之景的太陽《周易・天文・考古》P.198。日暈如回字，如雙圓之人首，二字甲骨文「不」字 ，不字正是鳥形上翔的姿勢，且形象似「帝」字 ，合於《說卦傳》「帝出于震」又說「震，東方也，便是太陽從東方地上升起，為不鳥飛上翔不下來也」意為「太陽鳥」已登上雲天，新的一天又開始了，這是「不宁」 ，不一太陽鳥、炎帝，了，宁也，柱也。不宁，炎帝系柱，即神農氏，臨魁之父，柱為烈山氏之子。

【高 7 cm／寬 4 cm／厚 1.2 cm】

　　上古時巫師求雨時，會模仿商羊鳥跳舞，舞蹈隊員手持響板，模仿商羊鳥的動作，手持響板有節奏的撞擊，發出脆響，進行表演。商羊為傳說中古代的一種鳥，每當天將下雨前，商羊鳥便從高山樹林中飛集出來，邊戲耍邊啄食，進行各種蹦跳活動，直至降雨方散，故殷商，北方逢旱求雨巫師模仿進行商羊求雨的巫術，巫師模仿巫術是盛行於上古時期，此件巫師模仿黃帝之巫術，求黃帝降靈於巫師身上。

　　黃帝，黃字甲骨文。黃與寅在甲骨文中同源，甲骨文像大肚子粗矮的殘廢人，後用作顏色之黃。「黃」象人仰面向天，腹部脹大表示胸腔隆起，身材粗短的殘廢人。古人在大旱不雨時，有焚燒病人，冀求上天降雨的風俗。《漢語多功能字庫：黃字》「夏，大旱，公欲焚巫尪。」。「黃」是「尪」的本字，「尪」即胸腹隆起身材粗短的病人。《左傳‧僖公二十一年》"黃，病也"《爾雅》「瘊，黃病也」《說文》。後來甲骨文於腹上加飾筆，腹口變成田，金文亦作這種寫法，黃、寅另於字上加從「」，代表仰天呼嘆之意，既然黃與寅在甲骨文中同源，黃字應與天干、地支是有相關才對？

　　是為黃帝軒轅氏，一方之霸主怎能不自稱，是天上、天下唯一之人呢？上古、中古，中間斷層，不知多少傳說黃帝，逐鹿大戰戰勝的霸主，可能是大肚粗矮的殘廢人嗎？由古時大巫、酋長聯盟之長是有著掌控天地萬物，日、月、星辰的大法師，擁有無上的法力與權力。這法力達到想要的權力，這法力來自日、月、星辰，所以爭帝是爭日、月、星辰的代理權。太昊、少昊、炎帝、黃帝都是爭日、月、星辰的代理權。作者認為黃帝、黃字，最原始意義亦與日、月、星辰有關，即个上昇飛鳥日，與人雙弦月，口為北斗魁，仰韶文化的彩陶內涵。

【商周時商文化青玉系璧】

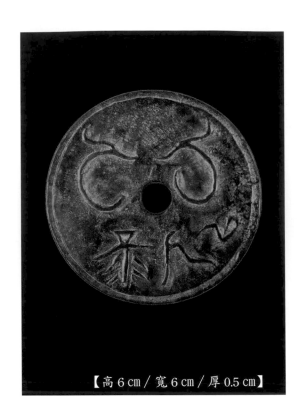

【高 6 cm／寬 6 cm／厚 0.5 cm】

青玉系璧上圖文，帝、人、乙三淺浮雕甲骨文，乙字與己不同，與 ㇏ 亦不同，作者研究認為 ㇏ 是龍（斗獸）的簡體化，上有二紅山龍圖騰。紅山 C 型龍，一般都是認為是黃帝系圖騰，黃帝亦有《帝王世紀》書中指天皇伏羲，地皇神農，人皇黃帝。此一系璧認為人皇是黃帝，所以紅山 C 形龍即是人皇龍（人帝龍），即是黃帝圖騰龍，可由此系璧証明商人的觀念，但帝王的帝字不只甲骨文上的 采、釆，系璧玉文字 柔、羊、軍 都是商時玉雕上的帝字。

【商末周初青玉琮】

【高 16 cm／上孔 8.4*8.4 cm／下孔 9*9 cm】

　　玉琮是典型的西周的形式。兩側有圖文人帝與龍二字，周時姬姓，黃帝後裔，人帝、人皇即是黃帝，龍是帝的代表，此玉琮是祭黃帝用的禮器，不是祭地或地皇用（黃琮禮地的註解可能是錯的，再度可証）。

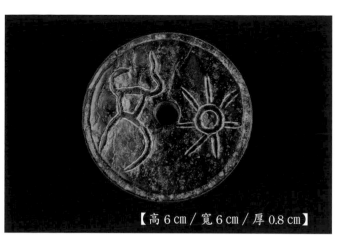

【高 6 cm／寬 6 cm／厚 0.8 cm】

左太陽右為龜的簡圖，即是太陽龜（天元龜）也。

【高 11 cm／寬 8.4 cm／厚 1.8 cm】

深浮雕，龍首為首，虎首為尾，龜身，四腳。龍首為前，虎首為尾代表東宮
蒼龍，西宮白虎，龜背圓太陽沉入地的狀況。

西元前 4513～4476 年，軒轅黃帝氏，以天龜為圖騰，以大甲魚、龜類為主
圖騰。太陽龜「离為水，為日，為龜」太陽似一團熊熊之火，在沒入地平的過程，
猶如一隻龜向水中潛藏可稱「太陽龜」便是龜藏，即「商日歸藏」意為春生夏長
的夏半年已結束，而秋收冬藏的冬半年的開始。《周易・天文・考古》P.130。

【商時紅山文化祭祀Ｃ形龍青玉版】

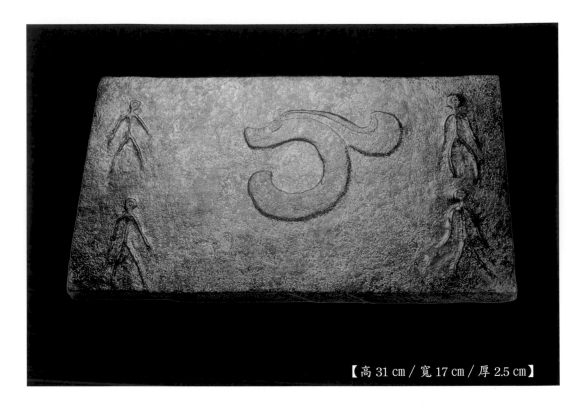

【高 31 cm／寬 17 cm／厚 2.5 cm】

　　Ｃ型龍居中，四方有以太陽為人首的四人。太陽人，通常是炎帝系族裔的代表，置Ｃ型龍為中間，四周是臣服的炎帝系族。

【商紅山文化青玉雙Ｃ型龍璧】

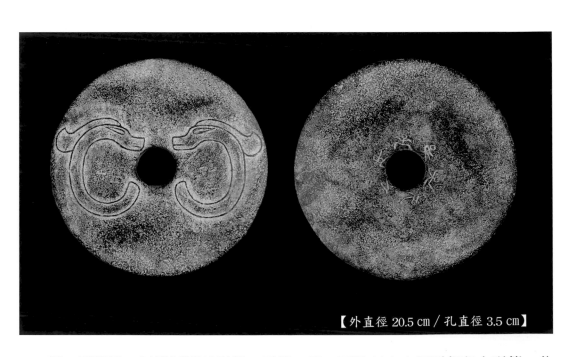

【外直徑 20.5 cm／孔直徑 3.5 cm】

　　雙Ｃ型龍璧，以淺浮雕線形雙Ｃ型龍，另一面陰刻六人舞蹈祭祀之形態，此青玉大璧是為祭祀用禮器。

【高 30 ㎝ / 寬 7.5 ㎝ / 厚 0.7 ㎝】

琬圭玉質,風化不能辨別,琬圭上四圖騰:太陽神黃帝像、豬龍胎顓頊圖騰、
蟬窮蟬帝圖騰。紅山C型龍為昌意(常儀)豬龍圖騰。

黃帝像頭戴天干,雙手合置於前,
蹲坐像紅山文化黃帝族建立的文化。
紅山文化發掘出許多太陽神黃帝像、
與紅山C型龍玉雕,太陽神像代表黃
帝,C型龍,C代表弦月,代表常儀昌
意。龍角是太陽鳥(啄木鳥)冠羽,
代表日。

太陽神黃帝像底座有淺
浮雕,四字類似篆體的
玉石文。內容有待研究。

【高 22 ㎝ / 寬 7.7 ㎝ / 厚 7 ㎝】

【高 7.7 ㎝ / 寬 7 ㎝】

【高 28.5 cm／寬 11 cm／厚 4 cm】

【商紅山文化青玉太陽龜（側面）】

　　黃帝，黃字甲骨文 🔯 為鳥、龜背、魚尾的組合，亦即天干、太極、地支，所以黃帝即以太陽龜為代表，《說卦傳》：「离為水，為日，為龜」指秋分納日祭典時，日如熊熊之火，從地平上漸漸地下去的太陽是「為龜」可稱太陽龜。取龜與歸同音，通借太陽離開秋分點（太陽在赤道為春分、秋分）出赤道向外，向冬至點回歸，此即龜，舊（古語台語）也。秋分太陽龜，黃帝也；而冬至太陽神，顓頊也。冬至太陽神「龜藏」即「歸藏」，取義冬至夜半子時，太陽處於下中天時（南迴歸線）告辭舊的回歸年，而又迎新的回歸年，也就是年死而復生（年復一年），有如顓頊死而復甦，表示新的回歸年確已開始，稱龜也即歸也。

【高 28.5 cm／寬 11 cm／厚 4 cm】

青玉太陽龜，頭戴天干，雙手作仿北巫覡作法象，有龜背而龍尾，天干即太陽也，所以此青玉太陽龜，意指是黃帝。可與魚婦比較，黃帝指秋分太陽，太陽歸龜，顓頊指冬至半夜的太陽，是看不見的太陽。所以顓頊金文ㄚ圂ㄚ，頭戴的干是連山易中的干，易經中的天干。指在歸墟休息的太陽，通常以魚婦為代表顓頊，亦以玄龜（黑暗的太陽）代表顓頊。而以太陽龜代表黃帝。

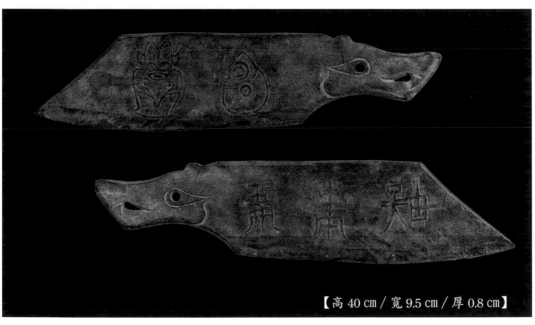

【高 40 cm／寬 9.5 cm／厚 0.8 cm】

　　玉刀龍首，二神徽豬龍胎與太陽神蹲坐像。三字甲骨文 圃、崇、由，左－甲骨文為趾與冊；中－甲骨文崇，顓頊帝；右－甲骨文昊與由，昊為昊（少昊或是帝），由為面具（如異、翼），如黃帝甲骨文黃字，黃字有三部分个、田、人；是鳥日：北斗、太極、弦月魚尾。田亦是龜背，組合成黃字與炎帝鬼姓圞是一樣組合（因黃帝、炎帝都有共同祖先，都為帝）都是帝王密碼。這玉刀是紅山文化，是黃帝、顓頊、窮蟬祖譜，如琬圭上的祖譜，所以由，應是太陽神黃帝由玉刀、文字組合，可証明紅山文化許多圖騰代表的意義，至少商時所認知的紅山文化。（商為周所滅，許多文化在西周有計畫消滅，無形中在春秋戰國時都已經把商文化抹滅掉了。）

【商時紅山文化青玉C型龍】

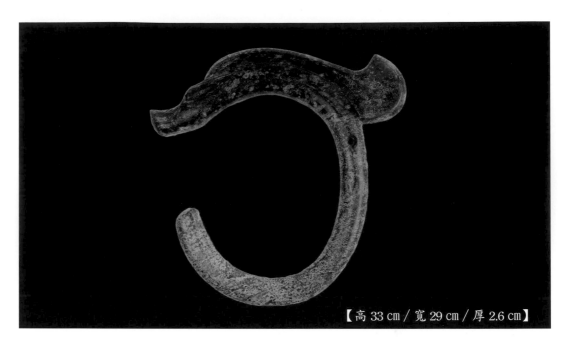

【高33cm／寬29cm／厚2.6cm】

C型龍，豬喙、長首、魚形眼、長燧鳥冠羽、圓柱內捲，C型龍或稱玦形龍。

《史記‧丘帝本紀》：流沙之東，黑水之西，有朝雲之國，司彘之國。黃帝妻雷祖生昌意，昌意降處若水，生韓流。韓流，擢首謹耳（長首小耳之意），人面豕喙，麟身，渠股（麒麟身雙腳合併一起）豚止。昌意入贅蜀收該，封豕大奎部落的朝雲司彘之國，生子韓流。所以韓流才是真正司彘之國之主。司彘之國，彘星管理北斗七星之星，司彘指蜀山氏於蜀山畫觀日、夜觀北斗九星，封豕大奎，奎星是西宮白虎七星座的第一星座。《山海經‧海外西經》：「并封在，巫咸東，其狀如彘，前後皆有首黑」。并封，形狀如彘，星為并逢豨，狀如奎星。圖一奎星圖二彘。

黃帝圖騰太陽龜，太陽龜是描述秋分納日祭典，日纏東宮蒼龍，紅紅落日如龜背，即是太陽龜。顓頊圖騰，魚婦。顓頊死即復甦（即年終即年始），顓頊死即復甦，風到北來，天乃大水泉，蛇乃化成魚，是為魚婦。蛇龜為顓頊圖騰，魚婦亦為顓頊圖騰，龜，歸也；婦，復也，歸年底始年初，即是年死即復甦，年復一年者這是冬至夜子時發生年的轉換。

黃帝秋分，顓頊冬至的天象，所以昌意、韓流應是描述秋分至冬至時的天象，昌意即常儀，以弦月代表月亮，而韓流擢首謹耳、人面豕喙、麟身、渠股、豕喙有關天象，封豕彘奎星，都是與豬有關，也與秋分後北斗七星斗柄指西為秋（斗柄指東天下皆春，斗柄指西天下皆秋）奎星是代表秋分後的西宮白虎星座的第一星座。麒麟身亦是指秋分納日祭典，日落地下天上彩霞的狀況，渠股，雙腳合併如龍身。所以韓流就是指秋分後的天象。

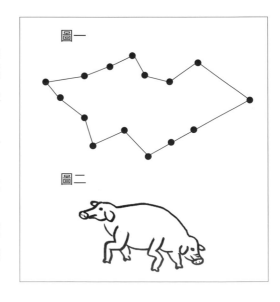

圖一

圖二

作者認為C型龍為昌意、韓流的合併體，C型龍豬喙、長首、無耳、魚形雙眼、龍角是燧鳥冠羽形狀，身軀為內捲向上C的形狀，再差一點延續即成為圓形，就成為循環的圓形，如豬龍胎，豬首而圓身，是故C型龍是豬龍胎的前身（亦可說龍生龍胎）燧鳥冠羽代表日，魚眼代表月，豬喙代表堯星（控制北斗星之星）則是龍的密碼。C型龍身即圓之缺也，或玦形也，代表年的宇宙循環，未完整也（古時年之開始於冬至子時，未於冬至癸時，為一年一圓的循環）。龍首堯星控制北斗九星，龍首是冬至後第一天控制龍身，一年的運轉，紅山C型龍尾直指秋分之後的循環階段，即將完成年循環的秋節氣。所以黃帝秋分節氣，顓頊冬至節氣，韓流如風到北來，寒露、霜降、小雪、大雪，如寒之流，越來越冷。故紅山C型龍可說是韓流圖騰。

黃帝祖譜就如下半年節氣，相對應神祖，黃帝，秋分，太陽龜，韓流，寒露，秋豬龍，顓頊，冬至，年豬龍，窮蟬，驚蟄，蟬。

【高 42 cm／寬 9 cm／厚 0.7 cm】

青玉刀，龍首刀柄，刀面一面文字一面圖騰，豬龍胎對面字為 耑，可以稱顓頊帝；刀尖鴉鳥對面字 楼，即是鴉鳥鷙，這件玉刀是很好上古文化圖騰確認的突破點，玉刀形式由商時藁城（圖一）陶片上有此刀形的陶片，再比對圖騰文字，可確定此玉刀是商時紅山文化，而可確定豬龍胎，即是顓頊帝圖騰。顓頊父韓流，擢首謹耳、人面豕喙、麟身渠股，豬龍胎即是韓流的兒子（胎兒），即是代表顓頊。另字鴉鳥對面字「鷙」古字，帝鷙龍山文化鷙鳥與顓頊二帝於商刀的刀面上。（代表著少昊鷙與顓頊部族的聯盟，如侯馬盟書，的聯盟信物）

翻轉自《漢字王國》，人民美術出版社（瑞典），林西莉著。安陽以北古代商城，發掘十二片陶片，有兩片刀紋圖形的陶片。

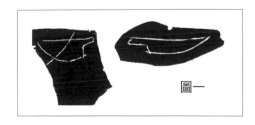

圖一

【商時紅山文化青玉刀豬龍刀首】

【高 45 cm／寬 9 cm／厚 0.7 cm】

青玉刀，以豬龍胎為刀柄，刀首，刀面有七字甲骨文，下面五字，為佑峀北帝夕、斗、日（上昇飛鳥日）。玉刀（上干支玉刀文字）文字，比春秋戰國候馬盟書，字體更為久遠。候馬盟書（中國山西省候馬市出土的珪片文物，數量共五千餘片。珪片文字刊載著春秋戰國時期，諸侯或卿大夫之間，訂盟誓約所記載的言詞，固稱作「盟書」或「載書」）。

《維基百科·自由的百科全書》玉刀文字，甲骨文字應是商周之間，文字內容是祈福祭祀之用。所以以玉刀文字形式與內容可以說是候馬盟書的起源。

青玉刀局部放大圖。字體與玉質上矽酸的再結晶，表面風化的程度都可証明，而且字體都不是複雜繁複的篆體形式，應可歸入時期為商。

【商時紅山文化青玉「我」牛首刀】

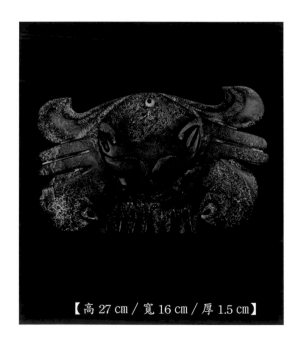

【高 27 cm／寬 16 cm／厚 1.5 cm】

「我」牛首刀，與紅山勾雲端外形相似，是常見的形狀，真正內涵除日、月、斗的密碼，應尚有紅山文化的「帝」字本意，如下「帝峀」二字的「帝」字一樣。

夏家店下層文化彩繪圖文「帝峀」二字。夏家店下層文化，是商前至前商時的紅山文化。《周易·天文·考古》P.386，陸恩賢著。

顓頊像與黃帝像比較，基本都是蹲坐，豬、鼻魚眼的神像，只是頭載方牙不同。

【高21cm／寬8cm／厚8cm】

【長8cm／寬8cm】

右上屮與工的合文，工即北或斗，屮是顓頊的頭載天干像，峀即北方之神（峀從山從天）；亞即非，北字並北字；屮即乍，祈，祀也；左下𢀛不詳，前兩字與下圖比較應也是「帝峀」二字。

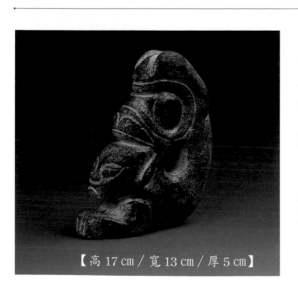

【高17cm／寬13cm／厚5cm】

顓頊長大以後，從師伯夷父就任少昊昌意濮聯盟的聯盟長，幫助西部少昊攝行朝雲司彘之國王政。虎人豬龍結合意指少昊顓頊聯盟。又顓頊不才子名檮杌處西方荒中，狀似虎，人面虎足豬牙，毫長二尺，人尾長丈八尺，又名傲狠，又名難訓，亦可知此玉雕豬龍胎，人首即少昊，兩者合併聯盟。《三皇五帝時代》，王大有著

217

【商末紅山文化青玉豬與豬龍玉雕】

昌意氏入贅蜀收該封豕大奎部落：朝雲司彘之國生子韓流，豬（韓流圖騰）生豬龍胎（顓頊圖騰）此玉雕即韓流生顓頊之意。

【高 24 cm／寬 13 cm／厚 4.5 cm】

【高 11 cm／寬 11 cm／厚 4 cm】

齊家文化玉雕特色，壓地凸起的圓圈口與眼，頭頂內凹，此件玉雕是典型齊家文化玉雕。

【高 14.5 cm／寬 14.5 cm／厚 6 cm】

此件玉雕，有著著名紅山文化C型龍附於龜背上，是為紅山文化的玉雕。

二件龍與龜的合體玉雕，並不是要表達玄武、蛇龜的戰漢時期的概念，而是元的觀念，一元復始，天下皆春。元者圓也，一元復始，年復一年，龜也，歸也，龜藏，歸於年，始於春，東宮蒼龍，北斗斗柄指東，天下皆春，以東宮蒼龍代表春，以龜代表北代表冬。二者相連為冬盡春來，為一元復始，萬象更新之意象。

【商時紅山文化青玉玄鳥紋豬龍胎】

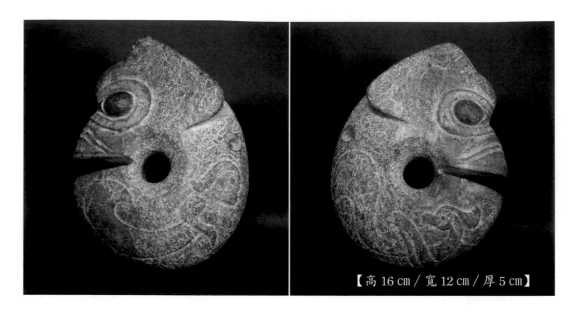

【高 16 cm／寬 12 cm／厚 5 cm】

　　豬龍胎，顓頊圖騰豬龍胎上有一玄鳥、一婦人即商時，簡狄吞玄鳥蛋而生商（契）。顓頊與契傳承關係歷史記載不詳，只知契的父母是帝嚳與簡狄。帝顓頊與帝嚳之間只是傳承關係。少昊氏孫，蟜极氏入贅陳豐氏，妻握裒而生嚳。所以嚳與顓頊並無關係。但此件玉雕豬龍胎與簡狄玄鳥，與玉刀上豬龍胎與鴞鳥（鷙鳥）、顓頊與鷙的圖文，兩者是否同一史實，但真正的商代認為的顓頊與商的史實則不詳。

【馬家窯文化白玉豬型龍】

【高 13 cm／寬 12 cm／厚 5 cm】

　　馬家窯白玉，豬形龍，豬鼻，鼻紋以日晷，圭紋丘道平行紋，眼以魚形耳朵小（與豬龍胎耳朵比起來），整個豬首是大且長的比例，豬身捲曲，有二腳合併向上，緊接豬下巴。此一白玉豬形龍正是描述韓流之像，黃帝妻雷祖生昌意，昌意降處若水，入贅蓐收該封豚大奎部的朝雲司彘之國生韓流。韓流擢首謹耳（長首小耳）的豬形象、麟身渠股（麒麟身形雙腳合併）正是描述韓流之外形。

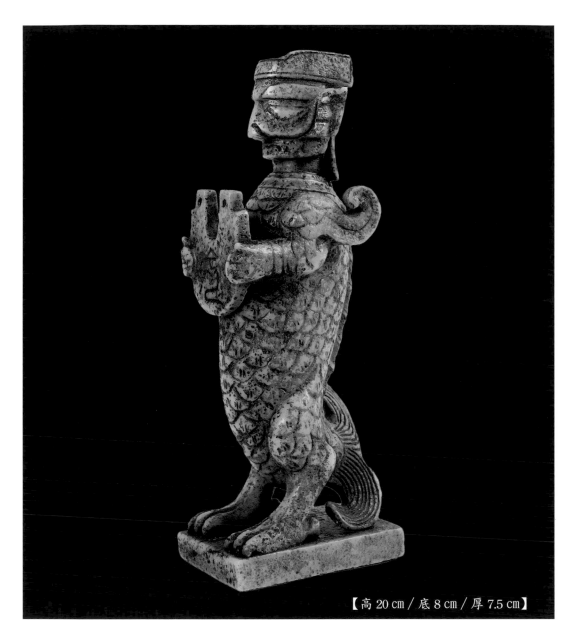

【高 20 cm／底 8 cm／厚 7.5 cm】

　　《山海經‧大荒西經》有魚偏枯，名曰魚婦。顓頊死即復甦。風道北來，天及大水泉，蛇乃化成魚，是為魚婦。魚婦，人首魚身，顓頊：玄武大帝，北方之神，龜也，舊也，歸也，冬至日復一年又開始，死而復甦，即是年的寫照，年復一年，舊年死歸復新的一年。舊與歸同時發生於冬至，亥時、子時交接之時，是一體兩面稱呼不同。蛇乃化成魚，即蛇龜（舊）乃化成魚（魚婦、歸）也是冬至，亥時與子時交接之時。

　　魚婦像，人首、魚身、魚尾、鳥爪。雙手持璜，璜有一字 ：右偏旁是甲骨文，女字。而左偏旁為中，即帚。帚是頭戴巾的帝像，即特指顓頊帝的峀字。細看女字是由蛇龜與魚形的組合。代表蛇乃化成魚。女字與中（帚，帝峀）即是婦。魚婦，也可以解釋為魚龍，蛇，小龍也，是帝王的象徵，蛇乃化成魚，即轉變成魚龍。就如女字，所以此漢巴蜀地區魚婦像，亦可說人首魚龍像。《韓流（顓頊父）入贅蜀山氏，以蜀山氏阿女昌仆為妻，孕而生顓頊》，《楚，屈原，天問中說我祖顓頊》所以此巴蜀地區魚婦像，即是巴蜀先祖的顓頊帝。 即為婦字，是帝峀的結合《本文為作者研究》。

【三星堆金沙遺址顓頊帝像】

顓頊像，頭戴北斗青銅權杖首的北冠，代表是北方之神，方形臉似魁，鳥爪、魚尾。鳥爪應是巴蜀地區鳥圖騰的魚鳧，大大的魚尾於身後，表示此像即帝顓頊，魚婦像。

《三星堆金沙博物館藏》

【春秋楚白玉巫覡跪像】

【高 7.5 cm／寬 7 cm／厚 3 cm】

巫覡跪姿手舉，如巫覡仿生巫術中的仿北。頭戴北斗冠。全身雕雲身，而背部有一獸面紋，獸面紋的龍角即是北斗，（斗魁與斗柄）（楚國，屈原，天問篇，吾先祖顓頊帝）可知此巫覡仿北跪祭，跪祭顓頊仿顓頊形象。（尸位素餐，仿生巫術中，古時人死後，要有人打扮成死者形象，給人予以祭祀，此人為尸，由此可知，祭祀巫覡要仿祭祀對象，而祭的是楚先祖，顓頊）。

【高 37.5 cm／底 9 cm／厚 7.8 cm】

　　圭上有甲骨文字「婦」。婦－魚婦也，顓頊帝。持圭祭巴蜀祖顓頊帝（顓頊，北方之神，古時北方，並不是今日指北針的北方，古時南朱雀，南方是天下，北玄武，北是地下，幽暗的地底，水族生存之地。幽暗大帝尚黑，所以祭顓頊以彩漆，漆以黑色巫覡首），南方巴蜀地出產漆類，所以，巴蜀、楚地自古即以漆出名，而北方並不出產漆類，所以北方（如雲岡石窟）佛像彩色時，是以礦石色彩塗色，而沒有漆類。

持璜巫師像（左一）【高 36.5 cm／底 9 cm／厚 7.8 cm】
持琮巫師像（左二）【高 32.5 cm／底 9 cm／厚 8 cm】
持圭巫師像（左三）【高 37 cm底／ 9 cm／厚 7.8 cm】
持璧巫師像（左四）【高 36.5 cm／底 8.8 cm／厚 8 cm】

　　三星堆文化在於偏遠巴蜀地區，保留許多商時文化，商文化在周朝被惡意竄改，所以許多保留至今的文化是周文化而非商本意，以璜、璧、圭、琮，周時認為蒼璧禮天，黃琮禮地，但留下至今的琮就寥寥可數的黃琮，所以黃琮禮地的觀念應非商以前的本意。以下是作者見解：璧為日，為太陽，為天干（像形日），璜為月，為地支（像形半月），圭為六，介是六合，是天地四方為宇宙的宇宇，琮是北斗，琮的由來應從良渚文化大量使用開始，良渚文化四方琮的前身是崧澤文化三角形琮，用來觀測天象的三角形琮，外觀上是與玉璇璣沒有差別，所以琮應該亦是代表北斗七星，四時運行的斗杓紋，圭，外象六合天地四方之形，代表宇宙的空間，所以作者認為，璜琮圭璧整個宇宙的代表，宇是空間由圭（六合）代表，宙是時間由日、月、星斗的轉換由璜（月）、璧（日）、琮（太極、北斗）來代表。

【高 16 cm／寬 6 cm／厚 1.3 cm】

魚婦，顓頊死即復甦，風道北來，天乃大水泉，蛇乃化成魚，是為魚婦。《山海經·東經》：「漢水出附魚之山，帝顓頊葬于陽，九嬪葬于陰，四蛇衛之」（九嬪，顓頊妃阤夷女）。

【高 5 cm／寬 4.5 cm／厚 2 cm】

白玉皮帶頭，為獸面，下巴是以斗形，代表北斗，雙眼如珠是為离珠，雙日也，鼻額，有一隻龜圍繞四隻小龍，龍龜是顓頊圖騰，為北方玄龜宮座，就如帝顓頊葬于陽，四蛇衛之，所以這件獸首皮帶頭即是顓頊首，北斗獸首。

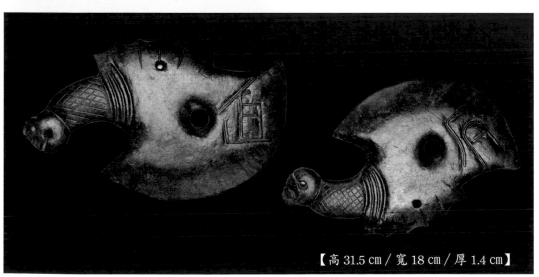

【高 31.5 cm／寬 18 cm／厚 1.4 cm】

青玉鉞，鉞柄有格菱紋，柄首為豬龍胎，鉞刃半月形，鉞面有大穿孔，鉞刀背有魚脊（五脊），柄與鉞刃間有三道法紋，兩面各有一字，齊家文字有待解釋。豬龍胎與魚背脊是顓頊圖騰，格菱紋是北斗星晷紋，鉞刃半月形代表月，鉞面大穿孔代表日，這件青玉鉞為祭顓頊帝的禮器。

225

【商周青玉系璧】

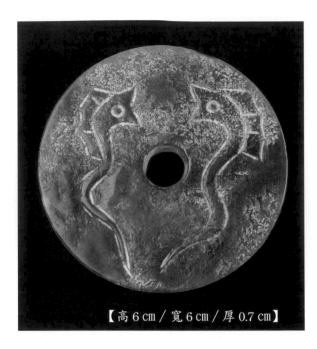

【高 6 ㎝／寬 6 ㎝／厚 0.7 ㎝】

青玉系璧，蛇身魚鰭的刻畫就如「顓頊死即復甦」、「風道北來，水乃大水泉，蛇乃化成魚，是為魚婦」，蛇乃化成魚的形象即是如此。

【商時紅山文化青玉日字線形豬龍】

【高 26 ㎝／寬 17.5 ㎝／厚 1 ㎝】

青玉，日字線形，豬龍、豬首、豬鼻，有魚背鰭，背有狗首附著，尾部有突出物附著如Ｃ型龍的背鬃毛。尾部向上向內捲，使外形如甲骨文日字外形。豬首、豬鼻是昌意、顓頊父子倆的圖騰，而魚背鰭與蛇身魚鰭的蛇乃化成魚，是同樣意義代表顓頊，狗首代表伏羲氏，如Ｃ型龍鬃毛紋即代表昌意，此日字線形豬龍是商時某地區，顓頊圖騰的概念。

【高 20.5 cm／寬 7 cm／厚 0.3 cm】

青玉魚，兩側雕有小魚附魚上，如同附魚，因同一坑的玉雕都是描述顓頊，所以此附魚青玉片雕即表示「顓頊死後不論葬於何地都稱為鮒魚山」（鮒魚，附禺也）。

【高 15.5 cm／寬 8.5 cm／厚 8.5 cm】

青玉琮，一面人物一面甲骨文，人物戴冠，此冠是太陽鳥冠代表帝。臉形圓而像日，雙圓眼亦是代表日，上半身與下半身給即是高字甲骨文。三種字體都是甲骨文高字，所以此人體是帝高陽，即顓頊帝也。別面甲骨文字出祭祀之意，工與凵，工為北字的簡化，凵為斗為魁。中間字作者認為帚字，即是歸、婦字的一半，是顓頊帝，如帝字從立從冉，冉即米，即北字，所以帚即帝顓頊也，此玉琮為祭祀顓頊帝高陽氏的禮器。

227

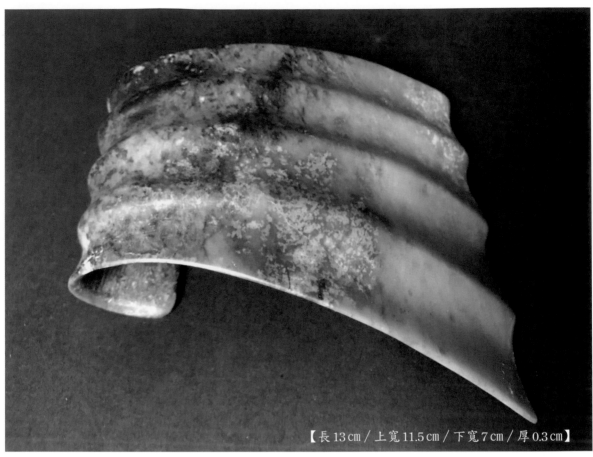

【長13cm／上寬11.5cm／下寬7cm／厚0.3cm】

【紅山文化青黃玉魚鰭雕件】

　　魚鰭玉雕是紅山地區特殊的青黃玉質，雕工中間厚四周薄。青黃玉魚鰭玉雕與商時蛇乃化成魚的系璧、商時日型魚婦龍玉雕都有相似的魚鰭，亦都是紅山文化玉雕，可知此魚鰭玉雕就是魚婦圖騰，顓頊死而復生的魚婦圖騰，亦有可能是紅山百姓認為配帶此魚鰭玉雕，即具有死而復生的神力。

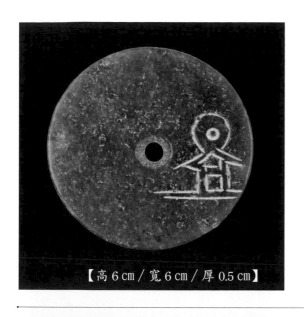

【高 6 cm／寬 6 cm／厚 0.5 cm】

高陽氏，顓頊也，此系璧上圖騰文字是甲骨文，高與日的結合。日陽也，高與日即高陽氏也。

【商周時高陽氏青玉璧】

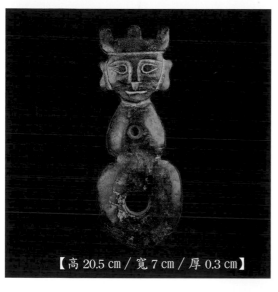

【高 20.5 cm／寬 7 cm／厚 0.3 cm】

顓頊人首身以玄字為代表，表示玄天大帝顓頊像。

【漢時巴蜀地區□族文化青玉顓頊像】

顓頊，玄天帝像，顓頊巴蜀地區三苗九黎的大君長，是楚的祖先，兩件都是巴蜀楚祖顓頊像。

【高 26 cm／寬 17.5 cm／厚 1 cm】

【漢巴蜀地區□族文化】

【齊家文化日鳥人首青玉刀】

【高 38 cm／寬 13 cm／厚 1.5 cm】

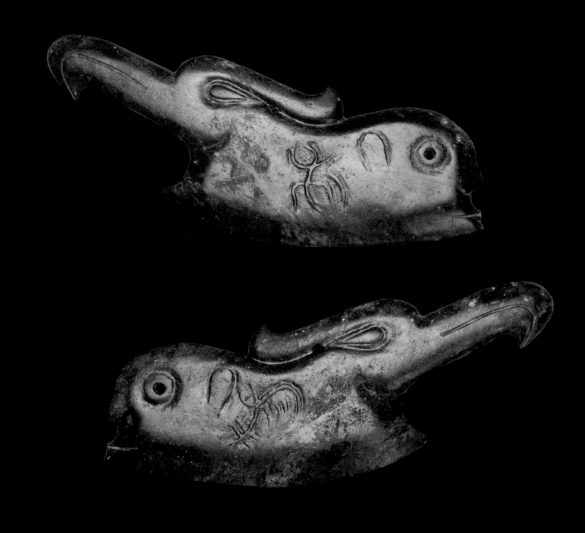

　　日鳥人首青玉刀，刀面有雙圖文，一為耑字，一為干、A、易三字的組合，二面圖文即是帝耑之意，即是顓頊帝。

　　顓頊帝，豐功偉業，出生於西南封豕大奎部落從巴蜀地區，楚國先祖顓頊族，西部地區馬家窯文化、齊家文化、中原龍山文化、北方紅山文化都分佈著顓頊帝的族群，可以說是史上最偉大的帝王，可是歷史傳說上，觸及顓頊帝就不如黃帝，但商前文物證明，顓頊帝比黃帝足跡更遍於中華土地。

【高 11 cm／寬 5 cm／厚 2 cm】

商玉龍（玉質不辨）

　　玉龍有商龍的特徵，蘑菇頭，單腳如袋鼠，身體兩側有勾紋，尾部內捲成句字，由此可知它是后土（勾龍、句龍）圖騰。背部有六道背菱，是為地支，月亮，十二地支之一半，六陰六陽，十二地支。紋路雕工，亦是商代特徵，壓地隱起的凸紋、陽紋，簡單大器的轉折紋。（兩側勾紋與辛店文化彩陶罐上的圖紋是一樣的）。

辛店文化彩陶罐

　　《三皇五帝時代》（下）P.409，王大有著。共工氏分化為工方、邛方、珙方、虹方、江方、共方、土方（工之子后土句龍氏裔，又名吉方，姞姓之祖，圖騰文「合」即伯鯈）、冀方。甲骨文中的「吉」方的「吉」實為舌方，土方的訛變，即后土句龍納入黃帝氏聯盟的名稱。姞姓始祖「允伯鯈」就是允姓（燧人鬼方炎帝）方伯黑蛇（鯈）族人。《史記・五皇本紀》「于是舜歸而言于帝，請流共工于幽陵，以變北狄」，句龍即為勾龍，后土登為逐鹿軒轅黃帝的第一佐臣，死祀為社神，享不盡人間煙火。

【商周玉龍（玉質不辨）】

【高 15. cm／寬 8 cm／厚 0.3 cm】

　　玉龍有炎帝系特徵，眼睛鑽孔是為鬼姓特徵，龍角以紅山龍的馬鬃代表，（其實是燧鳥冠羽的演化）下巴鬚內捲，尾部內捲都是勾龍、句龍特徵，整體此件玉龍，為炎帝、黃帝系融合後的玉龍型態，但偏向炎帝系，句龍雖是共工之子但最後又是黃帝的第一功臣，賜后土為地神。所以此件亦是句龍的形象龍。

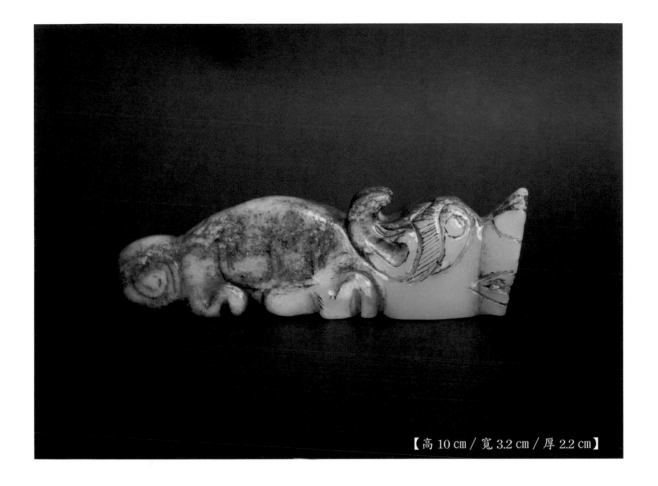

【高 10 cm／寬 3.2 cm／厚 2.2 cm】

　　白玉龍原型似乎是狗，頭大（辛店文化是以狗為圖騰），身體兩側有山字，為甲骨文「火」字，尾部內捲成漩渦文。尾部內捲成如句字，是為句龍特徵。句龍、勾龍也是后土的圖騰，山是甲骨文「火」，是炎帝圖騰，確定是炎帝系龍傳承，是馬家窯、齊家、辛店文化一脈的系統。

【商時大河村文化玉質白化「噫鳴鳥」】

大河村文化是顓頊重黎文化，玉雕豬龍鼻而有啄木鳥冠羽，而有多足的噫鳴鳥。亦是噫鳴龍，龍首燧鳥冠羽，龍身已轉變成半圓天穹的形狀，天穹底有十六道背紋，為「四立」「八節氣」，如太陽輪，把一年分為十六等分來計算年的循環。

【高 15 ㎝／寬 8 ㎝／厚 1 ㎝】

《三皇五帝時代》（下）P.432，王大有著。帝俊（含太昊、少昊、常羲、羲和），顓頊（含昌濮、鸛兜、祝融、重），炎帝（含共工、夸父、彤魚），黃帝（含有熊、方雷），四大族系的文化交匯於中原，形成民族共和文化。大河村文化演變為多足太陽鳥「嚖鳴」－在青海湖縣日月山司十二歲次（十二辰次）的后土之子。嚖鳴于鄭仍主日、月、星行次觀測一三足嚖鳴鳥，即成為六足或十二足的「嚖鳴」鳥。

【馬家窯文化青玉勾龍】

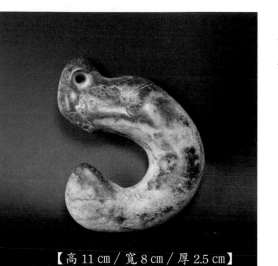

【高 11 cm／寬 8 cm／厚 2.5 cm】

簡單的雕刻，鼻尖向上，眼鼻中簡單下凹或缺口，分出眼與嘴鼻、身體卷曲，只在鼻雕有一孔可供配戴用。

【馬家窯文化青玉勾龍】

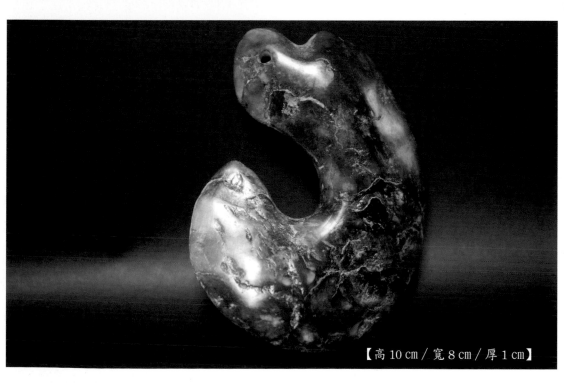

【高 10 cm／寬 8 cm／厚 1 cm】

青玉勾龍經長期的風化質變形成透明紅化的青玉勾龍。

【馬家窯文化白玉勾龍】

勾龍、句龍，后土也，勾龍，啄木鳥喙，雙大眼，蛇尾上勾故稱勾龍。

【高 11.5 cm／寬 1.5 cm／厚 1.2 cm】

【馬家窯文化青玉勾龍】

馬家窯文化早期的青玉勾龍，以簡單的雕刻，無眼、鼻、口就雕刻出勾龍形狀。

【高 10 cm／寬 3.5 cm／厚 2.5 cm】

【高 21.5 cm ╱ 寬 11 cm ╱ 厚 1.5 cm】

　　龍山文化，少昊裔鑿齒氏，雙耳以斗獸紋，雙目以鳥紋，鼻以雙弦月，嘴獸牙一上一下。而嘴以日晷，五道弦紋，頭冠，以十二道漩渦紋，此一青玉面具，充滿帝王密碼（日、月、星辰），又有鑿齒氏特別的圖騰分辨，當然是龍山文化之祖先圖騰面具，亦即是帝少昊祖。

【龍山文化鑿齒氏先祖像】

【高 18.5 ㎝ ／ 寬 11 ㎝ ／ 厚 7.5 ㎝】

　　龍山文化鑿齒氏先祖像，玉質已不可辨別。鑿齒氏先祖頭戴長冠（應是長斗，因偏平化，而無法得知）雙耳，似飛鳥形狀，其實是鳥首斗獸。雙日來雕刻雙目。嘴部分以四長假牙來描述。人首端置於以半月形的基座，先祖以分開十塊的組合來形成人首像。如何使用不詳，是否有如周至漢的玉覆面不得而知。

　　鑿齒氏先祖像與龍山文化玉圭上的先祖像。玉圭先祖像是帝鷙（少昊鷙），頭戴介字變形的頭冠，可知頭冠是介字的變形藝術體，雙目為臣字眼，臣字眼也是鳥的變形，代表上昇的飛鳥代表日。鼻子以雙弦月來勾畫，雙耳有耳飾，為常羲與羲和，代表日、月而頸部兩側畫有雙鳥首斗獸圖騰。牙齒亦是鑿齒氏的圖騰，長長的四棵假牙。基本鑿齒氏先祖有四長牙；日、月、斗的隱藏內涵，戴冠。可知龍文化時期，帝王密碼，日、月、斗，鑿齒氏的四長牙是部族圖騰。左、右，常羲、羲和表明先祖是少昊。

　　《三皇五帝時代》（下）P.468，王大有著。帝摯（2799～2357年BC）帝摯，是帝嚳氏族的嫡傳子裔氏族，入贅于少昊玄枵青陽鷙氏族，直襲少昊青陽玄枵「鷙」名號，為鷙氏族大覡，帝嚳去世後，東夷族後裔，摯約公元前2799年，職能王位從此進入帝摯時代，也創造了考古學上廟底溝二期（2800～2200年BC）及同期大汶口文化晚期。典型龍山文化（2405～2035年BC）、山東龍山文化、中原龍山文化、山西龍山文化。

　　宇宙「上下四方曰宇，古往今來曰宙」宇即無限的空間，宙即無限的時間，上下四方即天地四方，即是六合，六和也。賈誼《過秦論》六甲骨文字「介」，象上古人民的住屋，故想像成全部人民的大住屋亦是如此，天蓋地平且四方，所以介是六合，合字亦是人（天）△（天地）口（四方，東西南北）。

【商周時商文化青玉系璧】

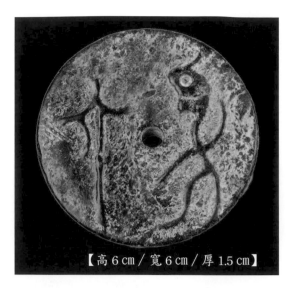

【高 6 cm／寬 6 cm／厚 1.5 cm】

　　青玉系淺浮雕，一舞人一介字。介字，帝鵉圖文，與龍山文化玉圭鳥紋是一樣，个是上昇的飛鳥，人既是飛鳥也是天蓋，介就如鳥用雙腳站立，介就是鵉鳥，與龍山文化玉圭鳥紋都是鵉鳥，能代表帝鵉的符號，就只有如此嗎？介亦是六也是上古住屋，所以帝鵉：介有代表六合天地四方，又是鳥，太陽鳥代表時間，所以帝鵉就代表宇宙，代表無限時間無限空間，就是鵉鳥「介」的密碼。

【商周時商文化青玉鵉鳥】

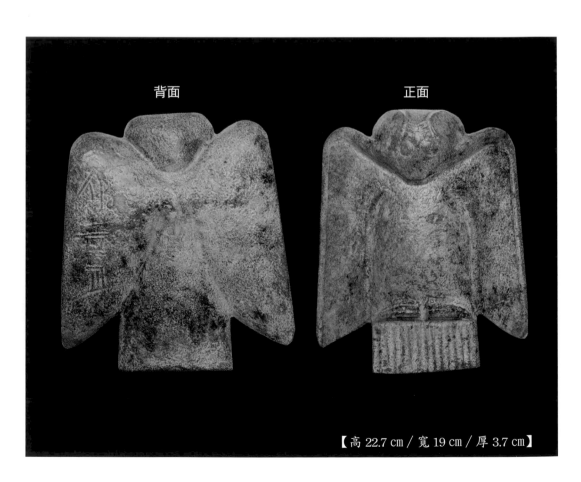

背面　　　　正面

【高 22.7 cm／寬 19 cm／厚 3.7 cm】

　　商祖鴞鳥（貓頭鷹）商文化鴞鳥玉雕是有雙耳的，此鳥並不是鴞（梟鳥）所以無雙耳。青玉鳥雕背有三字介、吉、夕，介即帝鵉的圖騰符號，太陽鵉鳥即為介。

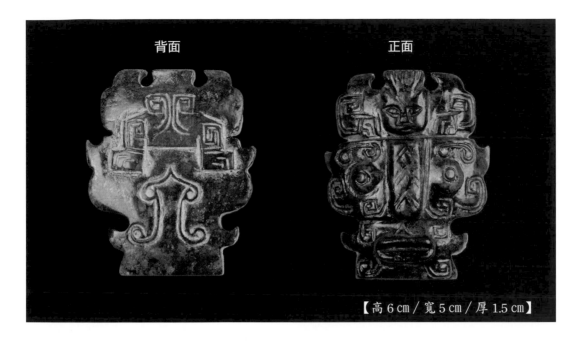

背面　　　　正面

【高6cm／寬5cm／厚1.5cm】

　　巫覡騎在獸面上，巫，頭戴通天冠，雙肩有雲氣紋，獸面雙目如日，鼻以日
暑紋代表，雙眉以雲紋，雲紋是雙弦月的變異，口是斗魁，商獸面紋日、月、斗
是基本內涵，反面文，上為雙北斗，代表北斗隨時間的轉動來控制春夏秋冬。下
字亦是介，帝鷙圖騰文，如龍山文化玉圭上的祖先圖騰的頭冠，即是介的變形美
化。

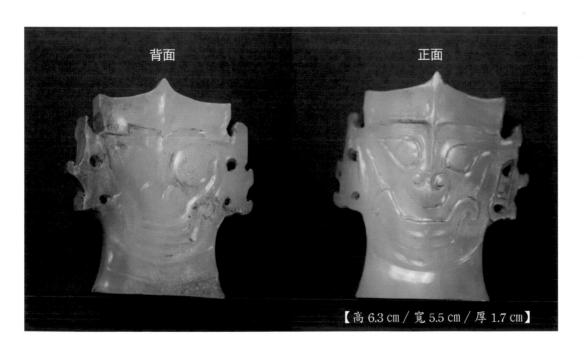

背面　　　　正面

【高6.3cm／寬5.5cm／厚1.7cm】

　　基本結構，龍山文化先祖玉雕像，耳以斗獸形，眼以臣字眼（代表日，代表
日鳥）牙齒以長牙代表鑿齒氏，此件白玉雕像，特別有陰陽兩面，微三角形的人面，
凸面為陽面，有五官凸雕，凹面為陰面，有陰刻向內的五官。

【馬家窯文化白玉鷙鳥】

【高 12 cm／寬 10 cm／厚 5.5 cm】

展翅的馬家窯玉鳥有著強壯雙翼，雙腿，展現出王鳥的氣勢，與陝西仰韶文化遺址中出土的鷹鼎，極為相似，強有力的鳥喙，灼灼有神的大圓雙眼及有力粗大的雙腳，以鳥尾翼當成第三支柱來穩定鷹鼎與玉雕，作為馬家窯文化玉雕當然傳承著仰韶文化的內涵。

仰韶文化陝西華縣泉護村陶尊

【馬家窯文化青黃玉鶚（梟）鳥】

【高 16 cm／寬 10 cm／厚 4 cm】

以壓地陽紋，雕成線條，來描述玉器上的紋路，在龍山文化玉器上是常見，但都是精緻線條，如此粗曠線條應是龍山玉雕的先驅。

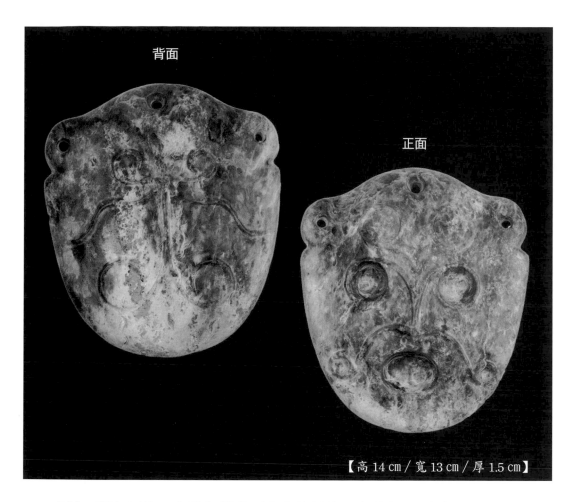

背面

正面

【高 14 cm／寬 13 cm／厚 1.5 cm】

　　虎鉞：頭如天穹，左孔如湯谷至右孔的禺谷，虎臉部七孔眉、眼、鬍、嘴，就如甲骨文唐字，雙手扶天干，下方有口。

　　背面有凸起淺浮雕陽紋丕字，即金文的堯字，美化成圖騰文，丕字即是丕鳥，也，**不鳥**即是留，大鵝鶹**鵂鶹**，「邵」「邵縣」「邵城」「古邵」在豫北蘇北，陳留居其中，陳留即是堯母，所以堯以丕為圖騰。所以虎鉞正面為唐字，反面為堯字，在齊家文化（商前）的圖騰文。唐堯二字。

　　堯字金文，從雙日，左右各一日上有一突出的鳥喙，此圖騰代表炎帝日中太陽鳥，雙日中間有圭○，圭中有爻字，爻，籌算，是帝嚳所發明，所以圭爻是帝嚳的圖騰，中間人身體以个如上昇的飛鳥，亦是炎帝系圖騰，下為兀：雙魚尾圖騰，亦是天干（太陽鳥）、爻（北斗星辰）、地支（魚尾圖騰），把圖騰文的堯字，簡化後即丕字，丕字底部加口，即是甲骨文篆字的「唐」字。

背面　　　　　　　　正面

【高 19 ㎝ / 底 9*9 ㎝ / 上孔 9.5*9.5 ㎝】

　　西周宋國琮，兩面有四字，一面篆體：唐、宋二字，一面圖騰：一字皇一字不清楚，唐宋，唐，湯也，商也，唐宋即湯宋或商宋，是西周時受封於宋國的商朝後裔。唐宋篆體的唐字與齊家文化，唐堯鉞的唐宋圖騰文基本結構是相同的。

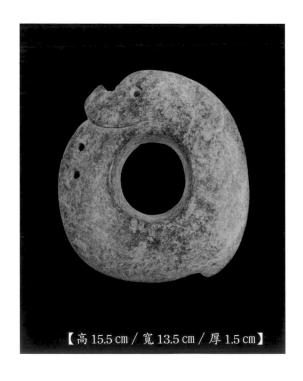

【高 15.5 ㎝ / 寬 13.5 ㎝ / 厚 1.5 ㎝】

　　齊家文化丕鳥龍鉞與齊家文化唐堯鉞玉質相同，同一處收購，同屬一方首領、酋長的權杖。丕鳥龍鉞，丕鳥，鳥嘴向上，龍背脊如刀刃，龍尾上捲成圓如圓形鉞，四周如刀刃，中孔厚，如砍伐之器。二件權杖就是堯帝父母的圖騰，父帝嚳與母陳鋒氏慶都，帝嚳少昊孫，陳鋒氏，陳留，大鵝鵃鵰又名「丕鳥」。虎鉞上的唐堯可以確定此二權杖鉞是堯帝之權杖。

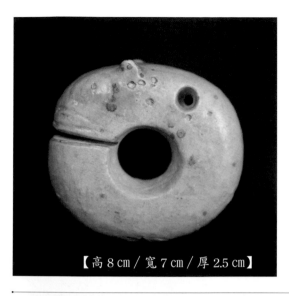

少昊伏羲龍，虎耳，雙日眼，魚形鼻，C型的龍身。

【高8cm／寬7cm／厚2.5cm】

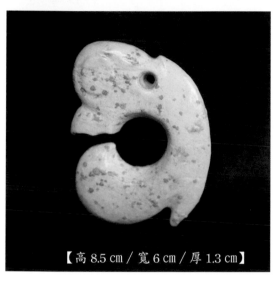

同型C型日鳥龍在內蒙古，巴林右旗地有同樣型態的玉雕出土。C型日鳥龍，雙眼如日，嘴形似鴨，背部有背脊，整體看起來像鳥蛋、鳥胎。

二件一組同為紅山文化玉雕風格，尤其C型少昊伏羲龍具有紅山風格，但又少見的玉雕。

【高8.5cm／寬6cm／厚1.3cm】

陳鋒氏慶都（3500～2200 BC）《三皇五帝時代》（下）P.448，王大有著。張晏曰：堯山在，堯母慶都山在南，登堯山見都山，故望都縣以為名也，望都，陳鋒氏女慶都生陶唐氏堯的故地。陳鋒氏之鋒本字作「夆」即蜜蜂，「流潢酆氏」就是飛著的黃色蜜蜂，酆為蜂氏居住的地方（年代是龍山文化早期），故虎頭蜂是堯帝陳鋒氏圖騰。

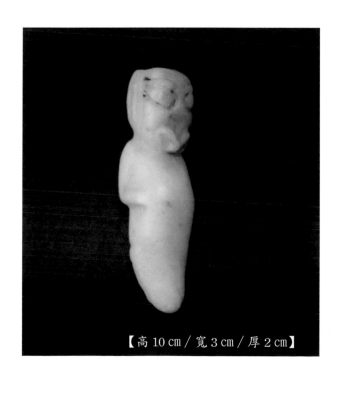

【高10cm／寬3cm／厚2cm】

【馬家窯文化白玉蜂蛹】

【高11cm／寬3cm／厚2cm】

堯帝以蜂為母圖騰，堯帝亦應以蜂為圖騰，堯母為蜂后，堯帝即以蜂蛹自居，白玉蜂蛹，短翅，人首。

【馬家窯文化鴨嘴蜂尾龍】

【高13cm／寬11cm／厚4cm】

鴨嘴蜂尾龍為少見龍的形態，鴨嘴，紅山C型龍的背脊（其實是啄木鳥的羽冠）代表太陽，眼睛由雙魚形代替，身軀以S型的龍身代表北斗循環己字太極，尾部型態就如蜜蜂的腹部，所以此龍以鴨嘴（鳥嘴）、蜂腹為圖騰。鳥與蜂腹的圖騰為陳蜂氏、陳留的丕鳥圖騰，就是堯圖騰，此龍即是堯帝丕鳥龍，由三件丕鳥龍鴨嘴形，可知丕鳥應雁、鵝之類之鳥種。（堯祖、堯母為陳蜂氏或陳留，留是「大鷝鵂鷗」又名丕鳥）

【高 21.5 cm／寬 11 cm／厚 1.5 cm】

　　《三皇五帝時代》（下）P.482，王大有著。帝摯（2136～2100 BC）舜先祖水伯天虞（天吳），舜本東夷人，出自虞族，虞先人是東夷少昊白虎部水伯天吳裔族，水伯天吳以白虎為圖騰徽識，是少昊羲和常羲氏的一支裔，並分掌日月所出觀測。《山海經‧大荒西經》記述說「大荒中，有人反臂，名曰天虞」。虞從虎從日從天，少昊白虎以西宮白虎為圖騰，制定太白金星曆，亦是寅虎，十月太陽曆，白虎西宮，以鴟舊為天象星圖，鴟嘴、龜身、魚尾就如虞字，從白虎西宮呆日鳥、嘴、魚尾八，所虞舜是以虎首龜身蟬翼魚尾為圖騰。

　　《周易‧天文‧考古》P.174。「騶虞」指春分日，太陽沒入地平時，西宮白虎的參宿星座偕日落，而秋分日太陽沒入地平時，東宮蒼龍尾宿星座偕日落，「騶吾」義同「騶虞」，義出秋分那天「日落虞淵」，西宮白虎開始出地巡天，陪伴著太陽作周日、周年運動，作為歲時觀象的要點，虞舜、虞淵，虞代表西宮白虎而往往西宮白虎就以參宿代表西宮白虎，所以以參宿「父」代表虞，虞舜的圖騰文即「父」。《舜祖譜》黃帝－昌意－韓流－高陽－窮蟬－敬康－句望－瞽叟－舜。

曾侯乙墓漆箱西宮白虎圖騰，往往西宮白虎以參宿。

247

【商時紅山文化青玉舜祖像】

【高 12 cm／寬 8 cm／厚 6 cm】

　　紅山文化青玉雕像，頭戴玉蟬，蟬翼各有三道翼紋，代表上古三辰序、六合曆。
蟬腹尾有，六道紋是為十二地支，而頭以菱格網紋代替眼鼻，菱格紋代表北斗，
最為特別在玉雕人物極為少數，手臂向後延伸的，就是古時帝王舜，反臂。舜的
家譜有一種記載：黃帝－昌意－韓流－高陽－窮蟬－敬康－句望－瞽叟－舜。所
以此玉雕以蟬為祖，以窮蟬為其上祖，上祖又是帝王，有北斗地支的內涵之帝王，
所以綜合特徵，此紅山文化青玉雕像是舜帝祖像。

【商時紅山文化白玉人像】

【高 6 cm／寬 3.6 cm／厚 1.3 cm】

　　白玉雕像，雙人首，手反臂。單
品玉雕很難去斷代，很難去描述玉
雕的故事，就如考古中，古墓中的任
何事物都是相輔相成，互相為証的物
證，如果單獨抽出就很難作為斷代的
依據，以下這幾件玉雕應該看為一件
故事，一件想要表達的史實，若單獨
抽出成單品，就很難有說服力去証
明，它是舜帝的故事。

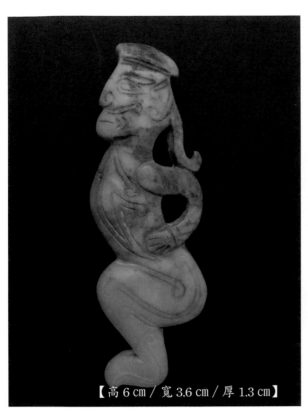

【高6cm／寬3.6cm／厚1.3cm】

【高4.2cm／寬3cm／厚1.5cm】

商周時青玉人物雕像舜祖雕像人物反臂。

　　龍山文化巫師像中流行著反臂的巫師施法像，摹仿法術要有確定的摩擬者。受摩仿者必定是神或大巫之人物，（如後世仿禹的禹三步即是），所以此玉雕巫師像應是仿舜的反臂特殊。但龍山文化應是少昊鷙朝代比舜時期早，但龍山文化可認定二里頭文化的先期中間，有著傳承關係。二里頭又是夏文化先期，而舜文化是介於龍山文化與二里頭文化之間，亦應是屬於龍山文化末期，尚無不可。所以此類龍山文化巫師像，或許是舜的形象。

【高6.5cm／寬2cm／厚1.2cm】

　　灰白玉蟬，身形瘦長，大眼大嘴，嘴唇上翹，並不是蟬的吸管嘴器，所以暫且解釋龍蟬。瘦長，無紋飾，玉蟬應是商或商前的玉雕蟬風格，東周以後蟬形變短，多有紋飾，及至漢時，漢八刀玉蟬才無紋飾。此龍蟬就是窮蟬，之義就是蟬祖的圖騰，亦是舜後人，尊舜祖窮蟬之玉雕。

249

【商周時紅山文化灰白玉馬首】

【高 6.5 cm／寬 4.5 cm／厚 2.5 cm】

　　黃帝以天龜為圖騰，但亦有以白馬為圖騰的部族，就如紅山文化，C型勾龍的龍首就以馬鬃為龍角，王大有先生就直接稱紅山文化C型龍為馬龍，此件紅山文化中國種的馬首，就是黃帝圖騰。

【商周時紅山文化灰白玉豬龍騎蟬玉雕】

【高 5 cm／寬 3.5 cm／厚 1.2 cm】

　　豬龍胎指的就是顓頊帝，豬龍胎是紅山文化主要玉雕的類型，所以此件玉雕是紅山文化系統。豬龍騎玉蟬，就是顓頊與窮蟬，父子關係連，連同玉馬，此坑玉雕就有舜祖的黃帝－昌意－顓頊（高陽）－窮蟬的四位之三。

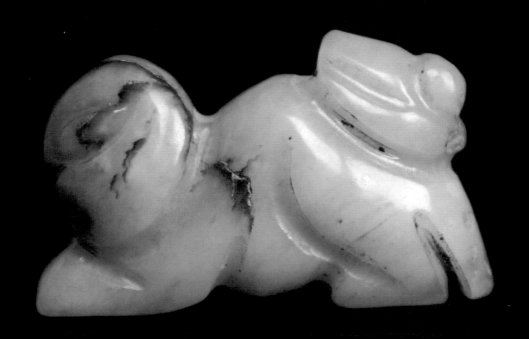

異獸：人首、虎身，虎背雕玉蟬。虞舜的另一傳說其祖為少昊，以白虎為圖騰，又傳說其祖為窮蟬，此件玉雕表示，舜祖為少昊與窮蟬二族的融合而成的舜祖一族。

【高 21.5 ㎝／寬 11 ㎝／厚 1.5 ㎝】

【商周時紅山文化灰白玉異獸雕像】

【商周時紅山文化灰白玉雙虎首蟬】

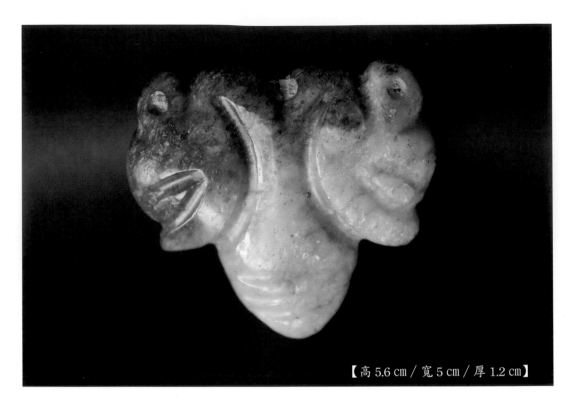

【高 5.6 cm／寬 5 cm／厚 1.2 cm】

雙虎首玉蟬，雙虎代表是白虎西宮，少昊白虎族的圖騰，蟬以雙虎為眼或翼，都是代表窮蟬族與少昊白虎族融合的證據。

【商周時紅山文化灰玉虎首】

【高 6 cm／寬 4 cm／厚 0.5 cm】

灰玉虎首，若單獨此件玉虎首，就毫無意義，若是幾十件玉雕，各自表述，綜合而描述即可相互求證，而讓此玉虎首，歸為舜祖少昊圖騰，讓古玉更有內涵，更有故事可言，而非只有玉虎首三字。

鉞即是首領權杖，是部落或是族長的家徵，虎首鉞即是舜族首領的權力象徵。此件玉雕應與上件玉虎首，相互驗證，證實此件人首鉞，亦含有虎鼻、虎嘴、虎耳所以應稱虎人首鉞。

【高 6 ㎝／寬 4 ㎝／厚 0.5 ㎝】

【商周時紅山文化灰白玉虎首鉞】

【商周齊家文化青玉刀】

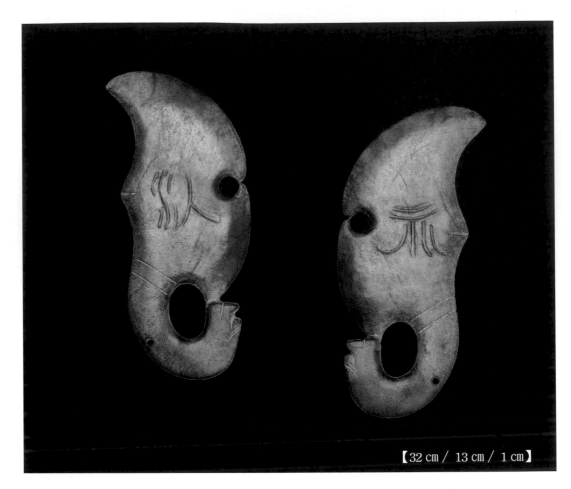

【32 cm / 13 cm / 1 cm】

　　青玉刀有壓地凸起的二字，水、人與水神二字！齊家文化一般都說是夏文化《海外東經》「朝陽之谷，神曰天吳，是為水伯」天吳是為天虞也，是舜祖先，東夷人的虞族。水人，古時只有東夷族自稱為人。水人、水神應都東夷族的水神，即水伯也。

【商末青玉玄鳥與簡狄圖璧】

【外直徑20.5cm／內孔直徑4cm／厚0.5cm】

　　青玉璧上，淺浮雕二圖，一為日鳥，青玉大璧許多日鳥紋圖，一為孕婦，商，青玉璧有鳥與孕婦圖來祭祖，可知祭的是玄鳥與簡狄生商的傳說「玄鳥降而生商」。

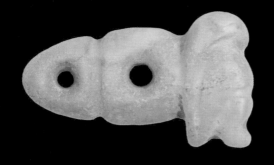

玄有二義，午或黑，玄鳥即午鳥，交午鳥，即太陽鳥，玄鳥即黑鳥，一般都稱玄鳥，為燕鳥，燕字宴也，宴安即暗安。燕亦可為黑與暗，所以燕鳥即暗鳥，即黑色鳥。商時很少有玉燕的出現，而鴞鳥（貓頭鷹）時常出現於禮器之上，貓頭鷹又稱暗光鳥，所以玄鳥是宴鳥（暗光鳥，鴞）而非燕子的鳥。

【高 6.3 cm ／寬 3.6 cm ／厚 1 cm】

龜殼背上有左右雙共工圖騰，中有仝、日即共工之意，左右圖騰字亦是甲古文"商"字。

【高 6.3 cm ／寬 6 cm ／厚 1.2 cm】

龜殼內有鴟鴞之鳥紋是代表月鳳，代表陰，與龜背代表陽，有陰陽循環的天體運行含意

【高 __ cm ／寬 6 cm ／厚 1.2 cm】

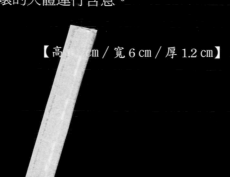

【周宋國白玉三角形器】

【高 12.5 cm ／ 寬 9 cm ／ 厚 3 cm】

周宋國白玉三角形器四商易人至仁析兮。春秋戰國，宋國商文化。玉器上減地雕陽紋。字「四商易正人至仁析兮」其八字。∞：從四，太陽也。 字：甲骨文，「字」，商也。易：四時變易，天地循環。商易曰龜藏，夏易曰連山，周朝稱易。正人：大火心宿二，正居下中天位置。正人至：亥時的終點，子時將起，元氣極微，將由靜轉動時。仁析：東方日析，析從木從斤，便是木一劈，對半分開，意即：冬半年（秋分起）結束，夏半年即將開始。冬至將盡，春分將起。兮：虛也，指冬至子時太陽處於下中天，迎接新一年的回歸，「大火星宿二」之星，始見於東方之時是春分之時，最好焚田春耕季節。

正人，大火星宿二，正居下中天位置。大火星宿二，商辰也，商主星，商始於契，契即上甲徽，商朝子姓。冬至時宇宙間元氣稀微，到夜半子時，已是稀微的極點：從虛到有，由靜到動的起點就是微。此玉三角形是易之三辰曆法，中間：圓形代表日，商以日為神，商崇日。商易（上甲徽）起於徽，周而復始循環不息。

戰國曾侯乙墓，彩漆衣箱簡圖「大火星宿二」簡圖。

戰國曾侯乙墓彩漆衣箱上「大火心宿二」的簡圖

冬至日的夜晚，太陽沒入地平時，正潛伏在北方的地平下，在《乾》卦稱「潛龍」，載於殷墟卜辭中稱「北方日人」，又說「帝于北方日人（仁人）」。冬至夜半子時，太陽運行到下中天的位置，蒼龍的房宿與心宿，已從東方地平上升起，這是新的回歸年已來到的天象。《周易‧天文‧考古》P.307，陸思賢著，文物出版社。

【上孔直徑 8.5 ㎝／下孔直徑 9 ㎝／高 19 ㎝】

宋國帝唐青玉琮，琮面兩面四篆字。

祀 （北斗獸）。

 為 ，帝也。

 為唐字篆體。

 商字圖騰文。

二字比較是一樣，天干、北字、地支三部分的組合。

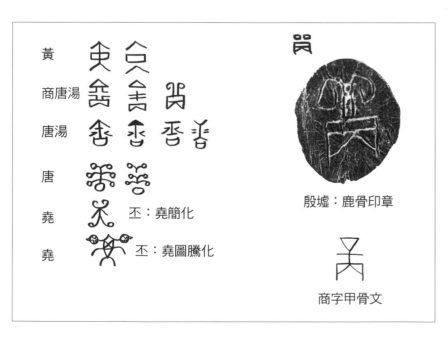

黃

商唐湯

唐湯

唐

堯

堯　　　　　　丕：堯簡化

　　　　　　　丕：堯圖騰化

殷墟：鹿骨印章

商字甲骨文

此圖可知黃、唐、堯、湯、商，都是天干、魁斗、地支組合
而成的字體，代表相同意義，即帝王的基本元素。

257

【底座 14.5*14 cm／龍 17*6.7 cm】

【秦國青銅嵌白玉印】

青銅部分銹蝕嚴重部分長滿銅綠底印文為篆體加圖騰文《大中華根脈》P.401，王大有著。指為商代秦祖大廉氏族徽銘。

秦祖先，費昌氏，在夏桀時，去夏歸商。佐商敗夏桀，秦祖先：大廉玄孫，孟孫伸衍，衍子孫，世佐商。所以商代青銅器中，留存大量秦祖先大廉氏的圖騰徽銘文。

			天干
			帝或斗獸
			甲骨文·土與月
			地支

【河姆渡文化骨圭】

《美工科技第一輯·原始社會》P.221。骨圭，浙江余姚河姆渡文化，約西元前 5000～3500 年，二鳥結合，如陰陽合一而道生，而萬物生，左二鳥結合為陽，二鳥中間如屋頂狀的代表陽，代表陽鳥，右二鳥結合為陰，二鳥中間有切口，代表陰，陽鳥左中圓有十分格（代表天干），陰鳥右中圓有十二分格（代表地支），中間圖陰陽結合，即夏商時認為太陽運行的軌道天穹與歸墟。

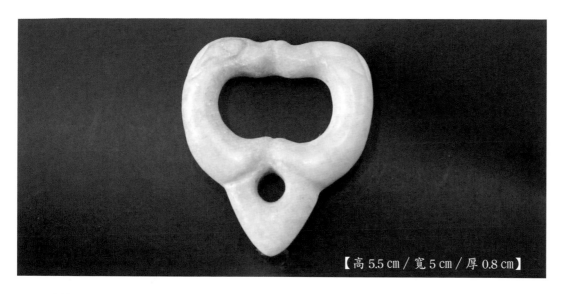

【高 5.5 cm／寬 5 cm／厚 0.8 cm】

夋茲雙龍首，取材，合字的外形來代表夋茲氏的圖騰，雙龍首雕刻外形以紅山C型龍的龍首。

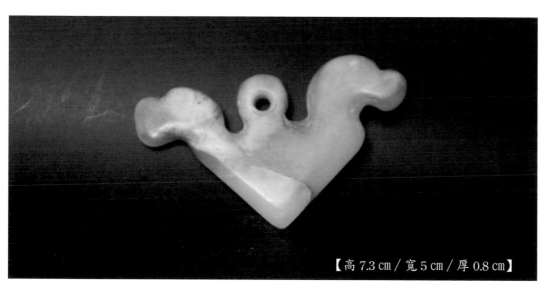

【高 7.3 cm／寬 5 cm／厚 0.8 cm】

此件雙龍首向外。外形與河姆渡文化的骨圭上的夋茲鳥紋，外形是一樣，描述雙獸交媾的現象，來表現繁衍子孫的期盼。

【高 8 cm／寬 2.5 cm／厚 0.8 cm】

夋茲鳥，商時圖騰 ▶◀，漢時「勝」為 ⅄ 《大中華根脈》P.22，王大有著。燧人氏婿于夋茲氏。夋，交媾合婚為夋，晝夜蓋天掩合為混天的夋，雙女鳥交合為茲，子孫繁衍為茲（孳）。

【高 8 cm／寬 7 cm／厚 0.8 cm】

《大中華根脈》P.22，王大有著。燧人弇茲氏仰觀天象，日月星地平升起，經中高天（日頂方、六臍方）復又西下，彎拱如蓋為一⌒形，固名天穹又名蓋天，畫夜各一蓋天，相合為混天，畫為日名侖。夜為月名為昆。合為昆侖，為日月混天。玄鳥，午鳥，交午（日正中央）位天穹上方的墨鳥，玄鳥也，天穹之下有日、月、星三圖形，由天穹東方起西方落，一周天一昆侖也。

白衣彩陶鉢，（河南鄭州大河村溝遺址出土）。

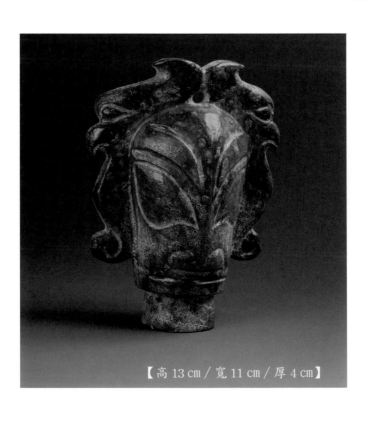

【高 13 cm／寬 11 cm／厚 4 cm】

青玉弇茲氏人首。人首左右各有燧鳥。燧鳥，啄木鳥，因燧人氏見啄木鳥，啄木時發出火光，而有靈感，而發明火，人民感念之德而稱燧人弇茲氏為天皇。燧鳥冠羽即如紅山 C 型龍的鬃毛。

【高 6.2 cm／寬 5.5 cm／厚 0.4 cm】

燧人帝首，載弇茲天冠，人首與上、下直紋，代表太陽與光芒，左右一鳥為弇茲鳥，此件玉雕與河姆渡文化雙鳥朝陽象牙雕刻是相同內涵，且冠飾與雙鳥骨圭，是相同，可見燧人弇茲氏的傳說與圖騰，是由河姆渡文化一直保留至戰國時期。

【戰國青白玉弇茲燧人帝首】　【漢瑤族文化青玉弇茲盤瓠魚鳧圖騰物】

【高 20.5 cm／寬 6 cm／厚 0.5 cm】

　　弇茲氏即燧人弇茲氏，盤瓠即伏羲女媧氏，魚鳧即炎帝彤魚氏，漢瑤族玉雕把犬戎族的祖譜，都轉變成融合圖騰，狗首頂著一三角形一圓形的，似聯合雙璧，即是合，弇也，是弇茲式的圖騰，狗首是盤瓠氏，為伏羲氏的一族裔。狗首鳥翼，鳥翼上有漩渦紋為首，後三紋的鳥翼紋，即是炎帝系上升飛鳥的太陽鳥紋。此件玉雕保有周朝玉雕的風格，單邊斜坡為西周玉雕風格，但沒有西周精緻且仔細打亮的。

【高 17 ㎝ / 寬 6 ㎝ / 厚 0.5 ㎝】

【漢瑤族文化青玉弇茲彤魚圖騰】

彤魚圖騰吻弇茲圖騰，彤魚與炎帝系太陽鳥圖騰，是仰韶廟底溝彩陶上豐富圖案體裁，也是續燧人弇茲、伏羲女媧後的炎帝彤魚的三代先祖為天皇、地皇、人皇。

禮失求諸於野，上古文化，商或商前文化，在經過周朝六七百年間，有計畫的消滅詆毀後，商文化幾乎消失在中原地區。所幸巴蜀地區，尚保留商或商前文化，一直至秦時入侵，滅亡蜀國。《大圖騰族的源流與變遷》P.161，王大有著。秦朝以後，南方山區出現一個龐大的族群，自稱是盤瓠的後裔，人口眾多，主要分布西南武陵山一帶，和東南潮州一帶。西南武陵山一帶的盤瓠子孫被稱為「猺人」，分布在廣東潮州一帶盤瓠子孫被稱為「畲人」。「猺人」人口眾多，遍布於四川、湖北、湖南、貴州、廣西、廣東西部等廣大山區，而畲人也自稱五猺，因此史籍中統稱今畲族，猺族祖先為猺民或猺人。盤瓠崇拜，犬圖騰崇拜被鮮

明的傳承下來，成為猺民文化重要的內容和特徵。故「盤瓠族」「盤瓠子孫」成為猺民的專有族稱和代名詞。

《猺民的遷移》P.219。公元前 645 年，秦與晉國爆發一場戰爭，秦國戰勝晉國，晉國割河西地給秦國，原居住河西地，附屬晉國的戎狄族，被迫遷出河西地區（河西地區，即今山西省黃河西部一帶），被晉國安置在晉國南部與楚國相鄰的「陸津」地名的荒地居住。從此被稱為「陸渾戎」，從此「陸渾戎」不僅由遊牧民族逐漸轉化為農耕定居民族，也與其他進駐中原的赤狄、長狄、白狄眾多狄族合勢，形成是與秦、晉、齊、楚四大諸侯勢均力敵互相抗衡的，強大勢力集團。

《猺民的遷移》P.202。公元前 525 年楚平王時期，晉國與楚國稱霸中原，「陸渾戎」叛晉與楚國結盟，而遭晉國的攻打。陸渾戎因此從晉國封地遷出，尋求楚國的幫助，楚平王於是將楚國西南一帶崇山峻嶺，私封陸渾戎，並為陸渾戎頒發具有「通行證」性質的文書，《過山榜》。陸渾戎採此《過山榜》舉族遷徙南方山區聚居。自陸渾戎遷徙楚西南山區以後，聚居中原其他戎狄分支也陸續遷徙至西南區，至戰國末期才結束。因此秦朝建立過程，中原已無「戎狄」勢力，中原戎狄，業已進入，楚西南山區，自稱盤瓠子孫的□民了。楚西南山區即四川、湖南、湖北、貴州、廣西等廣大山區，秦滅六國後乃先滅蜀，繼而滅亡楚國。

【漢時瑤族文化青玉奀茲犬龍】

青玉雕，狗首捲龍尾，頭頂奀茲圖騰。犬龍，亦可說與虎龍是一體兩面，都是伏羲龍，伏羲最早馴服獒犬，所以是伏羲的伏字。犬龍代表就是伏羲氏，頭頂奀茲圖騰，代表傳承奀茲氏。

【高 17 cm／寬 6 cm／厚 0.5 cm】

【漢時瑤族文化青玉狗首人身】

狗首人身，頭有啄木鳥羽冠，為盤瓠與高辛氏女兒婚後，入武陵山區的傳說的是南方民族，瑤族、畲族的祖先神犬盤瓠。

【高 12 cm／寬 8 cm／厚 1 cm】

【高 10 ㎝／寬 10 ㎝／厚 1.5 ㎝】

《春秋世譜》記載：「華胥生男子為伏羲，生女子為女媧」伏羲人首龍身，女媧人首蛇身，龍身蛇身交纏。

漢青玉伏羲女媧交合勒子
【6 ㎝／3.2 ㎝／1 ㎝】

拓片圖東漢四川陴縣
出土伏羲女媧畫像石

戰至西漢墨玉伏羲像，伏
羲像人首龍身。

【5.5 ㎝／4.7 ㎝／1.2 ㎝】

【漢青玉伏羲女媧交合牌子】

【春秋戰國白玉人首像】

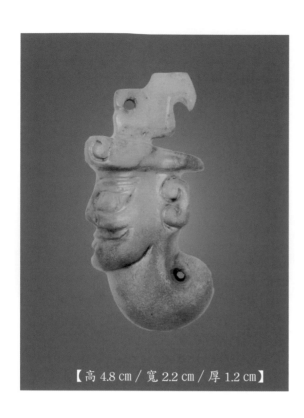

【高 4.8 cm／寬 2.2 cm／厚 1.2 cm】

伏羲，伏犧，庖犧氏，鬍鬚都是同音相假，伏羲又稱虙戲。虙戲代表是虎崇拜的圖騰觀念。伏羲氏傳至太昊，繼任者少昊即少皇。

【漢青玉伏羲像系璧】

【高 7 cm／寬 7 cm／厚 1 cm】

伏羲像人首虎耳，龍身，有翼，四腳，四周圍繞雲氣紋（雲氣紋為漢時風格）。

【高6㎝／寬5㎝／厚3.5㎝】

　　白玉伏羲首，人首龍身，人首以雙魚為眼，龍鱗是以鳥羽來代表鱗片，背有龍角，龍角並非鹿角，而以北字，代表龍角。所以此三星堆白玉伏羲龍雖是漢時，但巴蜀地區，位於偏遠之地尚保留商文化的龍形象，日（鳥羽）、月（魚）、北斗的商以前的龍密碼。

【商白玉伏羲女媧像】

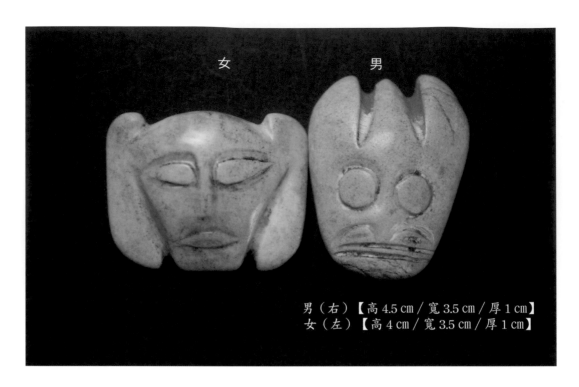

女　男

男（右）【高 4.5 cm／寬 3.5 cm／厚 1 cm】
女（左）【高 4 cm／寬 3.5 cm／厚 1 cm】

男：伏羲虎耳日眼，女：女媧犬耳魚眼。

【商時紅山文化伏羲像】

【高 4 cm／寬 2 cm／厚 0.8 cm】

伏羲，頭戴天穹帽，雙眼如日，嘴如月，左右各有髯鬚代表髯鬚氏，伏羲氏。

【高 6 cm／寬 4.5 cm／厚 1.2 cm】

男：伏羲眼為雙日，女：女媧眼為雙魚。伏羲、女媧鼻子都以魚首為鼻頭，以魚尾為眉毛，嘴有十二顆牙齒，代表十二地支，頭髮直條紋向上，表示太陽的光芒。

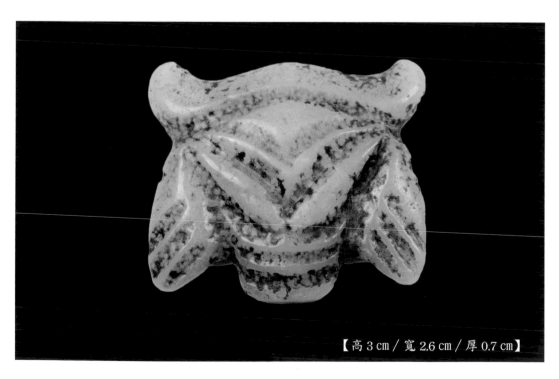

【高 3 cm／寬 2.6 cm／厚 0.7 cm】

女媧，頭戴天穹帽，雙眼如魚，嘴如斗，右左各有鬍鬚。

【馬家窯文化伏羲女媧白玉挖鑿器】

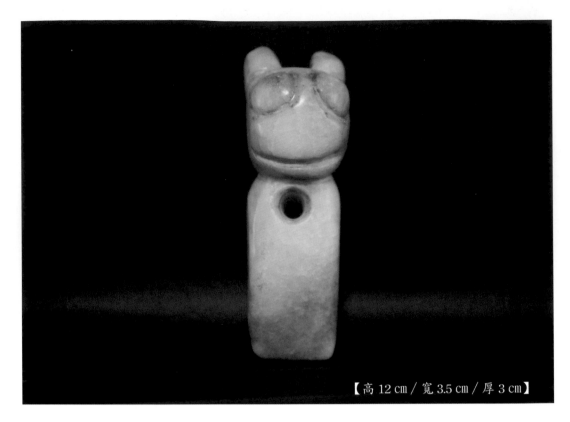

【高 12 ㎝／寬 3.5 ㎝／厚 3 ㎝】

伏羲氏，虎耳，日眼，嘴如弦月。

【馬家窯文化伏羲女媧白玉挖鑿器】

【高 9.2 ㎝／寬 3.2 ㎝／厚 2.7 ㎝】

女媧氏，虎耳，魚眼代表月眼，嘴如弦月。

以上四組馬家窯文化、紅山文化、商文化描述伏羲女媧像，都是伏羲日眼女媧魚眼嘴以弦月代表，可證明伏羲女媧在商前，上古時期人民心中的印象（難得收集到四組不同年代，不同玉質，不同雕刻方式與體裁的伏羲、女媧的組合玉雕）。

墨玉馬龍，馬首捲曲龍身，身上有淺浮雕甲骨文四字，應可
歸納年代的下限為商或周初。

【高 20 ㎝／寬 15 ㎝／厚 3.5 ㎝】

【商時紅山文化青玉日形捲尾馬龍】

青玉句形馬龍，龍形馬首馬鬃，背一圓三平形翼（表示日鳥圖騰的簡化），尾部內捲成日形，此件亦是附著式的青玉馬龍，有日鳥族裔聯姻而以馬龍為主。

【高 24 cm／寬 15.5 cm／厚 1.3 cm】

青玉雕版淺浮雕圖，一人手拿刀刺殺鷹龍，似乎描述一段歷史。

　　紅山文化與馬家窯文化的鷹龍，馬家窯鷹龍是部族圖騰，紅山文化鷹龍卻成為敵人，成為人刺殺的對象，可見鷹龍是紅山部族的敵對部族的圖騰。玉版雕龍，龍首、龍身、龍尾清楚可辨，而馬家窯鷹龍，龍身、龍尾連接成圓形，接近紅山文化的豬龍胎。或許可以認為豬龍胎其實就是雕刻工具的缺乏，無法雕成龍身、龍尾分開的立體雕塑。

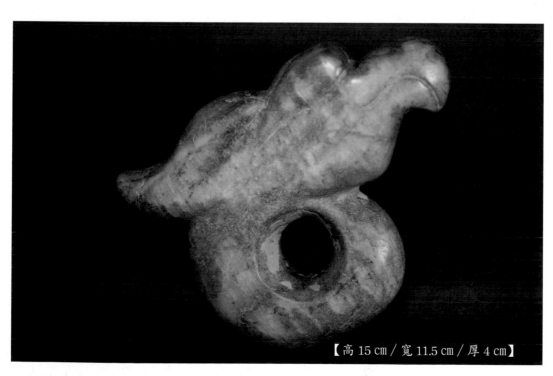

【高 15 cm／寬 11.5 cm／厚 4 cm】

馬家窯文化鷹龍，鳥喙，啄木鳥的頂羽成為龍角，圓形的龍身。

【商周時紅山文化青玉刀】

【高40cm／寬9cm／厚0.8cm】

　　商周時紅山文化青玉刀與紅山青玉雕版屠龍刀是一樣的，青玉刀上有二行文字，文字字體介於甲骨文與小篆之間的字體，有甲骨文，有象形文字，有圖騰（金文）文字。被歷史湮沒的文化，無可計數，藏在能與神溝通的上古玉器的文化密碼，更是珍貴的資料。此玉刀文字類似春秋時期的盟文。玉刀有著圖騰符號）代表圖騰的部落，所以應是盟文之類的文字。

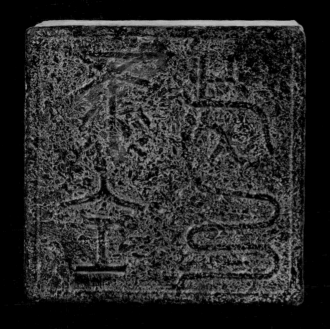

印章四字虎、帝、窂、共工，
商末周初，天窂之神，西方之神
亦是老虎，而少昊就是西方之神。

【高 21 cm／底 9*9 cm】

商末周初紅山文化青玉印
章，人首虎身，啄木鳥冠羽。

【高 21 cm／底 9*9 cm】

275

【紅山文化白玉Ｙ型伏羲龍】

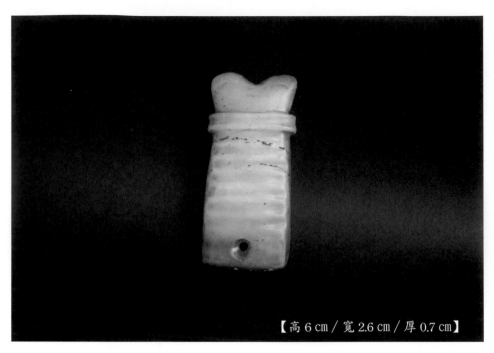

【高 6 ㎝／寬 2.6 ㎝／厚 0.7 ㎝】

伏羲龍虎首虎耳，交午日眼，月形嘴，龍身有七節，代表北斗七星。

【商文化墨玉伏羲斗器】

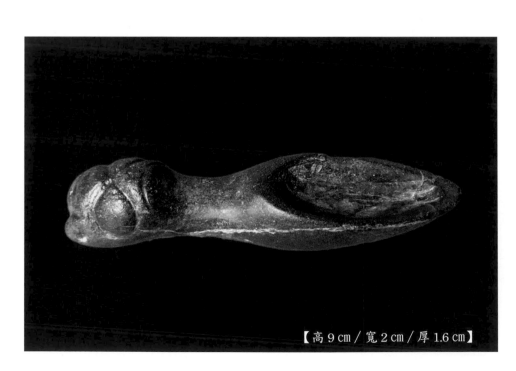

【高 9 ㎝／寬 2 ㎝／厚 1.6 ㎝】

墨玉伏羲斗器，虎首，虎耳，交午日眼，弦月嘴形，龍身以斗杓代替。

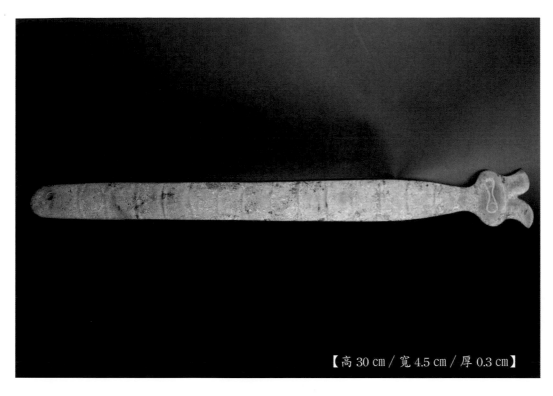

【高 30 ㎝／寬 4.5 ㎝／厚 0.3 ㎝】

虎首，虎耳，交午日眼，龍身，嘴省略。

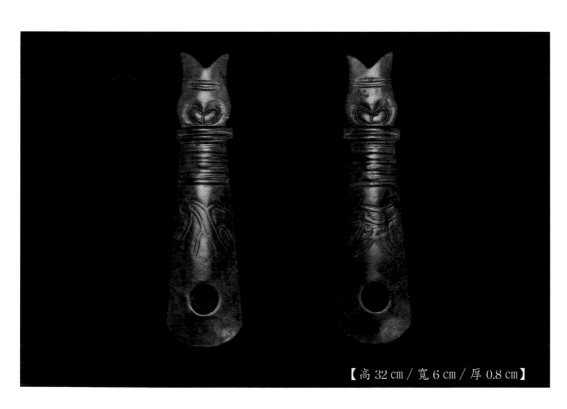

【高 32 ㎝／寬 6 ㎝／厚 0.8 ㎝】

　　Y型首與嘴形與四弦形形成圭字，Y為雙魚聯成的獸首形，與琬圭圓形端的圓孔代表的是日，形成日與月的兩端。中間兩面各有一字，一為開天，一為北字，此琬圭為祭天、祭北斗的禮器。此青玉琬圭的發現，可以做為紅山文化Y型器流源的一個總結。

【商時齊家文化青玉虎首龍首獸】

【高 25 cm／寬 8 cm／厚 6 cm】

　　此玉雕以龍首回捲代替虎尾。龍首部就是紅山 C 形的特徵。而虎頭，嘴形像月但雙大眼像日並沒聯接成亞鈴型。但其含意是辰獸，東宮青龍與西宮白虎的結合，但又以白虎為主的玉雕，瑞獸應是禮器祭祀用。

【高 20 cm ／ 底 7.5*7.5 cm】

少昊伏羲像，神像頭戴虎耳帽，交午日（亞鈴形日），弦月嘴，蹲坐像。

【高 20 cm ／ 底 7.5*7.5 cm】

　　印章四字，甲骨文臣、射、用、其，用與其都是祭祀，祀福用詞，臣、射應是射正之官，即射正臣，簡稱射正。射臣、射正都是指后羿，羿，就是善射一族首領，羿，東夷族，其祖先就是少昊，所以神像就是少昊伏羲氏。

【商時青玉伏羲虎首】

【高 4.6 cm／寬 3.5 cm／厚 2.5 cm】

虎首伏羲像，虎耳，交午日眼，亞鈴形，嘴形下垂如弦月。

【良渚文化青玉少昊伏羲鐲】

【高 2 cm／外圍徑 8.5 cm／內圍徑 6.7 cm】

　　一般都認為此鐲名稱為蚩尤鐲，比較其他，少昊伏羲像，虎耳，雙日眼，鼻菱形，代表斗，嘴為月形，鐲側面雕有虎鬚龍身。而且良渚文化亦有少昊南九夷的分佈其中，可以正名此鐲是少昊伏羲鐲。

　　彩陶文化，彤魚雙弦月的演變，由雙彤魚演成亞鈴形日眼形，亞鈴形日眼形即是彩陶文化最重要的飛鳥、燧鳥與弦月魚尾，代表是日、月，日鳥彤魚－日鳥為炎帝，炎帝繼承燧人伏羲。

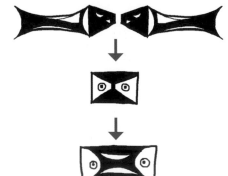

【高 7 cm ／ 寬 2.5 cm ／ 厚 2 cm】

　　伏羲龍，虎首虎耳，雙日眼，魚形嘴，長形柱狀的龍身，龍身上有三橫紋，即是三辰曆，三陰三陽，六合曆，伏羲八卦的記號。

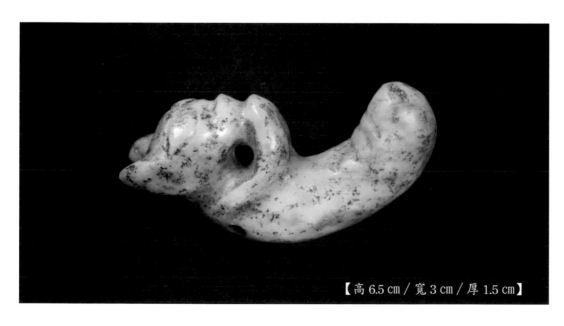

【高 6.5 cm ／ 寬 3 cm ／ 厚 1.5 cm】

　　虎首虎耳，魚眼龍身，身有三節紋，雙手舉至下巴仿北斗，巫術。

　　《三皇五帝時代》P.161，王大有著。黃帝分化東夷，使東夷少昊青陽九黎聯盟與三苗聯盟脫離，再任命清鶩司馬東夷諸部。如此東夷九族一分為三，東北九夷、東九夷、南九夷，東北九夷與南九夷都不願接受投降派的管理，更不願屈服于黃帝。只有東九夷接受黃帝及清鶩的統治。東北九夷分布在渤海灣的西部、北部濱海和遼東半島，創造后　文化和紅山文化含黃帝文化。南九夷分布在淮河、長江以北的湖北、江蘇、安徽地區，創造了崧澤文化、馬家濱文化等前良渚文化。東九夷：少昊清，冀南、魯西、山東半島，創造青蓮崗一大汶口文化，為前龍山文化。可知少昊虎圖騰，可見於紅山文化、崧澤文化、良渚文化、龍山文化，而少昊虎圖騰共同的圖騰組合：虎耳、日眼、弦月嘴、龍身，龍身有節紋，三線代表三陰三陽、三辰曆、伏羲八卦，五或十代表天干，六或十二代表地支。

【馬家窰文化青玉狗龍】

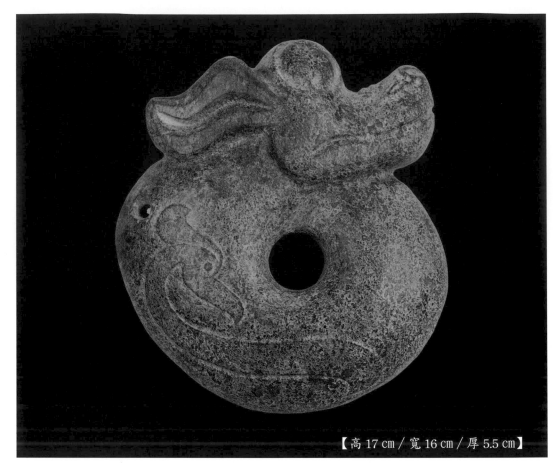

【高 17 cm／寬 16 cm／厚 5.5 cm】

青玉狗龍，龍首圓軀，大眼大耳朵，但身軀有斗獸（鳥首 S 形身軀）。狗龍代表伏羲氏，馴伏獒犬的先祖，伏羲氏亦以狗為伏羲圖騰。

【崧澤文化白玉龍】

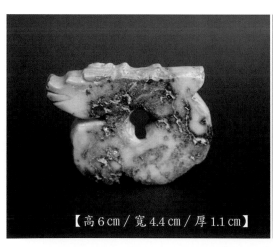

【高 6 cm／寬 4.4 cm／厚 1.1 cm】

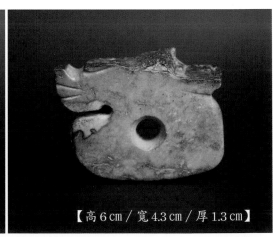

【高 6 cm／寬 4.3 cm／厚 1.3 cm】

崧澤文化白玉龍，啄木鳥冠羽為龍角，魚形狀的眼睛，鼻向上，圓形身軀中有一孔。崧澤文化與良渚文化都屬南方，長江中下游文化，是伏羲氏族裔一族參與其中，此龍亦可認為是伏羲龍的一種型式。玉龍中，崧澤文化龍是非常少見。

【後序】

　　上古時代，史前傳說時代未有史實證明。以上古時代的玉器來探源三皇五帝的傳說，這是個理念，是個開端。民間，尚有許多未發表的上古玉器，可以來互相佐證，三皇五帝的真實性。

　　甲骨文的保存，證實了商文化、商之前文化，必須借由骨、玉、石、陶的保存，才能斷定商前的史實。玉器是很好的載體，用來保存上古文化，因它流傳時間久，流傳範圍廣，在玉即巫（首領、帝王）即神的時代，保留下來的玉，就是上古時期酋長帝王的記錄與實證。希望借由本書的開啟，讓古玉學有個新的研究方向，新的方向朝更多藝術、文化、史實來研究。而非一味的只有玉種、雕工而應該有更多的理論來探討，古玉學中，藝術的成分、文化的內涵，這才是世界上唯一有玉文化的中華民族應有責任。

【結語】

　　三皇五帝時，龍即是帝的化身。三皇五帝的圖騰，象徵帝王權力的傳承，擁有統治國家正統性，於是，逐鹿中原之後，部族英雄就必須把部族圖騰加諸於龍身，藉此象徵一統中國的天下。所以，三皇五帝時，隨著時代變遷、種族的競合，虎龍、鳥龍、馬龍、魚龍、狗龍……等各種族圖騰龍，於焉誕生。

　　龍是權力的象徵，是權力的來源。而龍的權力來自日、月、星辰，只要掌握著龍，就能掌握宇宙的能量，進而控制整個天下。

　　在中國，龍即是帝，從上古至明清之帝王，各個都自認是至高無上的龍種，擁有可控制天下，控制日、月、星辰（北斗）的密碼。

愛生活 31

中華高古玉雕綜論：日、月、星辰密碼

作　　者—劉嶔琦 Liu Chin Chi
視覺設計—徐思文
主　　編—林憶純
行銷企劃—王聖惠
第五編輯部總監—梁芳春
出 版 者—時報文化出版企業股份有限公司
　　　　　10803 台北市和平西路三段二四〇號七樓
　　　　　發行專線—（02）2306-6842
　　　　　讀者服務專線— 0800-231-705、（02）2304-7103
　　　　　讀者服務傳真—（02）2304-6858
　　　　　郵撥— 19344724 時報文化出版公司
　　　　　信箱—台北郵政七九～九九信箱
發 行 人—趙政岷
時報悅讀網— www.readingtimes.com.tw
電子郵箱— history@readingtimes.com.tw
法律顧問—理律法律事務所　陳長文律師、李念祖律師
印刷—和楹印刷股份有限公司
初版一刷— 2018 年 7 月
定價—新台幣 2,200 元
（缺頁或破損的書，請寄回更換）
時報文化出版公司成立於 1975 年，並於 1999 年股票上櫃公開發行，
於 2008 年脫離中時集團非屬旺中，以「尊重智慧與創意的文化事業」為信念。

國家圖書館出版品預行編目 (CIP) 資料

中華高古玉雕綜論：日、月、星辰密碼 / 劉嶔琦作 .
-- 初版 . - 臺北市：
時報文化 , 2018.07
288 面 ; 21*29.7 公分
ISBN 978-957-13-7398-0
1. 古玉 2. 玉器 3. 中華文化（精裝）
794.4　　　　　　　　　　　　　　　　107005824

ISBN 978-957-13-7398-0
Printed in Taiwan